特別支援教育サポートBOOKS

子どもが目を輝かせて学びだす！
教材・教具・ICT アイデア100

『特別支援教育の実践情報』編集部

村野 一臣 編

明治図書

まえがき

「どんな教材がよいかな？」「こんな教材があったらいいな」「えっ！こんな発想があったのか」など，特別支援教育に携わる先生方は，いつも教材をどのようにしようか気にかけているのではないでしょうか。

特別支援教育では，多様な障害の種類や状態，特性等に応じたきめ細やかな指導の充実が求められています。個別の指導計画を作成する際には，学習の状況から「できること」「もう少しでできること」「援助があればできること」「できないこと」など，子どもの実態把握を明らかにしていきます。そして，実態の中から的確な課題を抽出し，指導のねらいや具体的な指導内容を設定していきます。その指導内容を達成するために，必要なものが「教材・教具」になります。教材の選定，教材・教具の開発は，まさに特別支援教育の専門性が求められるところです。教材・教具を通して，子どもの「わかった」「できた」がわかるとともに，教材・教具の正否が問われます。「できなかった」時は，子どもの実態に即した教材・教具でないからです。常に子どもから学び，教材・教具の工夫・改善をすることが大事です。

本書には，現在，特別支援学校等で実践をしている先生方からいただいた教材・教具・ICTのアイデアを100事例，収録しました。内容は，国語，算数・数学，体育，音楽，図工・美術，日常生活の指導，自立活動，SST を紹介しています。少しでも日々の指導の一助になるとともに，多くのアイデアを共有できることを願っています。

【本書の特色】

①教材・教具の写真からねらい，工夫，使用方法を簡潔にまとめました。

②国語，算数・数学，体育，音楽，図工・美術，日常生活の指導，自立活動，SST，８の項目で教材・教具を紹介します。

③教材・教具は，基本的に手軽に購入したり，工夫したりできるものを中心に紹介します。

④教材・教具の配列は，おおよそ学習の段階を意識しています。

⑤すぐに使えるように市販の教材も含めて紹介しています。

＊本書は，特別支援教育の実践情報（明治図書）2019年６／７月号　特集「子どもが目を輝かす！教材・教具・ICT アイデア大集合」で紹介した内容を基に作成をしています。

2020年６月

編者　**村野　一臣**

本書について（教材・教具の使い方）

1　教材・教具でコミュニケーション

本書で紹介している教材・教具は，基本的に一人で課題に取り組む教材・教具ではなく，教師が子どもに対して，教材・教具を介してやりとりしながら使用するものを紹介しています。教材・教具を介して，できること，援助があればできることなど，実態を更に明らかに，工夫改善することが大事だからです。

障害児基礎教育研究所元所長，故水口浚先生は，教材・教具とは，「相互交渉（コミュニケーション）のことばの代わりとなり，共通のことばとなる道具」「適切な学習内容・方法が単純明快に埋め込まれた道具」「送り手から言えば，わかり易い，具体的な発信と受信の道具であり，受け手の側から言えば，具体的でわかり易い課題で学習の結果を発信する道具」と言っています。特に，水口先生は，課題ができなかった時，課題が適切でなかったのですぐに子どもに謝り，教材・教具を撤収して，子どもから学び直してまた新たな教材・教具の工夫をされていました。私たちは，多様な子どもの実態を的確に把握するためにも，常に子どもから学ぶという謙虚な姿勢が重要です。そのため，教材・教具は，シンプルでわかり易いもの，個々の子どもに応じて工夫・改善することが基本になります。

2　スモールステップの大切さ

本書では，教材のねらい，教材の工夫，使用方法について紹介をしています。教材・教具の使い方で大切なことは，スモールステップで考え，「できたこと」の達成感を感じやすいようにすることです。

例えば，ペグさしでは

○ランダムにさす

○左（又は右）からさす

○左から数える

○左から何番目と指示してさす

など，同じ教材・教具でも，使い方によって多くのステップに分かれます。色をつけておくと視覚的にわかり易いなど，できる可能性が増えます。逆に，教材・教具を使って子どもの実態把握（アセスメント）ができることになり，課題を明確にすることができます。教材・教具の使い方は，一つではありません。どのような手立てがよいかを考えることが大事です。

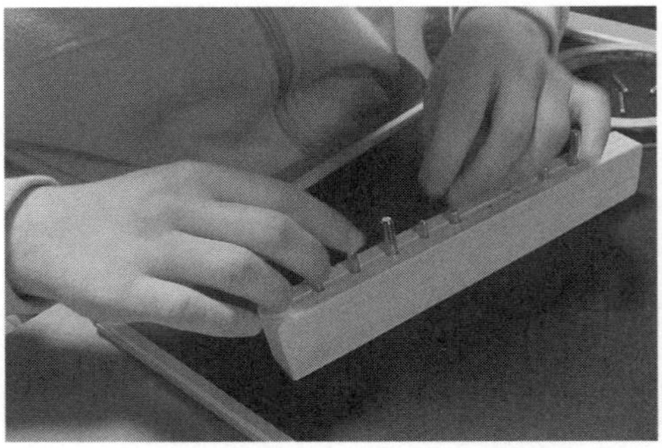

位置・方向・順序の理解までのスモールステップを考えることが大切

3　適切な言葉かけと評価

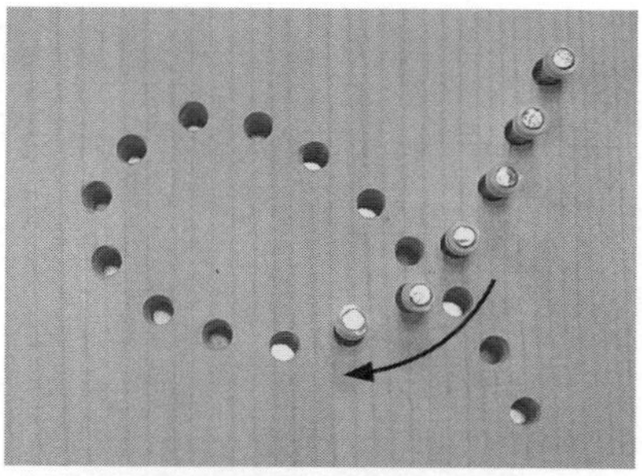

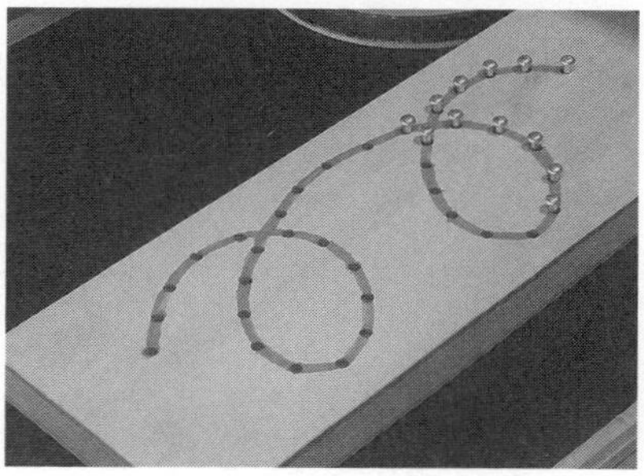

学習では，できるようにするためには，間違えさせない工夫が大切です。そのため，統一した言葉かけやわかり易い言葉かけ，タイミングのよい言葉かけが必要です。余計な言葉かけや催促などは避けた方がよいです。

例えば，交差のあるペグさしで説明をします。

この交差のあるペグさしは，ひらがなが書ける場合でも，交差の部分で，まっすぐにいかないことがあります。最初に子どもと一緒に線を指でなぞってイメージをつけてから，交差のところで間違えそうになったら，間違える前に，指先で「トントン」叩いたり，「こっちです」と言ったりします。

また，できた時には，「そうだね」「そう，そう」「よくできた」など，認めたり，褒めたりすることが学習意欲につながります。

適切な言葉かけは，どのように援助をすればよいかの見極めになります。言葉かけをしなくてもできるようになれば，一人でできると評価できます。

本書では，40（体育）『大きな矢印』，77（日常生活）『「へんこう！」のポーズ，カード』などが，ちょっとしたアイデアと言葉かけで成果がある事例です。

4　気持ちを受け止める

適切な言葉かけ，タイミングよい言葉かけはとても大切ですが，言葉だけの表面的なことだけではなく，子どもの気持ちをきちんと受け止めることが指導の基本です。これが指導者のセンスだと考えています。できないことを子どもの障害のせいにする教師を見かけますが，まったく逆で指導する側の責任です。例えば，自閉が強く，パニックなどで困っている場合があります。私たちは，自分の基準で物事を見てしまいがちです。「困っていること」を読まれるというか，子どもに見抜かれているような経験があります。心から受け止め，情緒を安定させる，できたことをよく褒めるなど，気持ちでの相互交渉がやはり一番大事です。相手（子ども）を大事にするからこそ教材・教具の工夫につながるのです。だからこそ，子どもが課題をできなかった時に，「ごめんね」と心から謝り，教材・教具を片付けるのです。

CONTENTS

国　語

算数・数学

体　育

音　楽

図工・美術

日常生活

自立活動

SST

子どもが
目を輝かせて
学びだす！

教材・教具・ICTアイデア100

色ビーズのペグさし

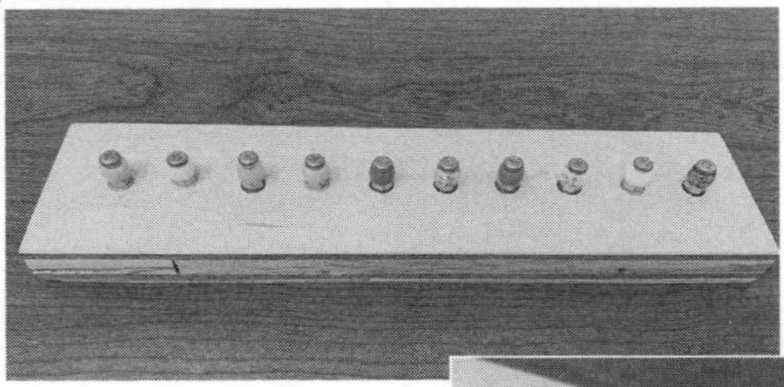

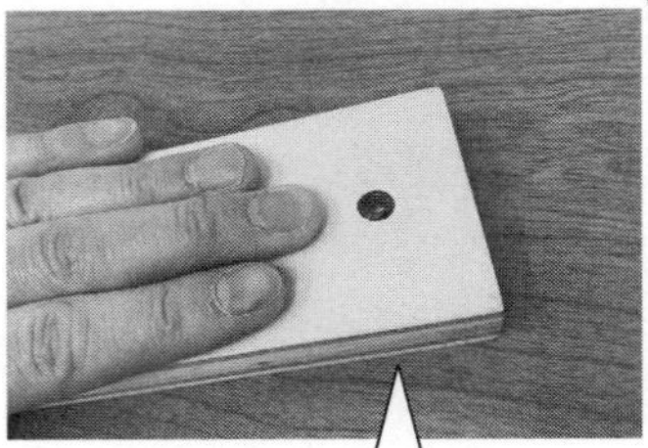

提示の仕方で，ねらい，難易度が変わる。

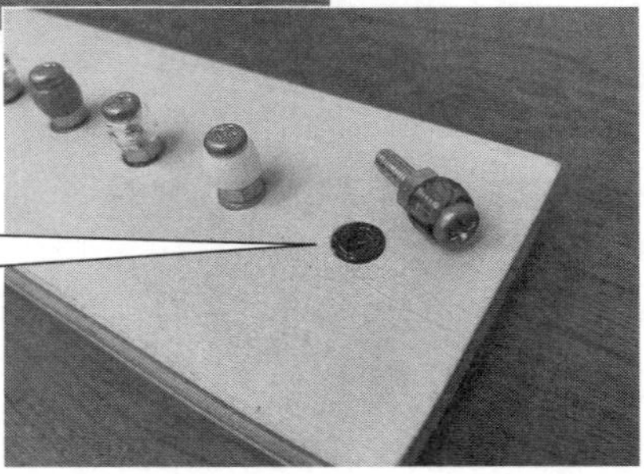

裏側から，磁石がはめてある。

【教材のねらい】 目と手の協応動作，手指の巧緻性や色の認識を高めます。順序を意識するようにします。

【教材の工夫】 市販のビーズとボルト，ナットを組み合わせることで，ペグの要素に色を含めました。また，穴の底には，100円ショップで売っている直径約6 mm の強力磁石が入れてあります。ペグを入れる度に，カチッとなり，ついついペグを入れたくなるように作ってあります。ボルトの太さは4 mm です。板の裏から6 mm の穴を磁石の厚さ分あけ，磁石を入れます。さらに底に板を貼ることで，磁石が表からも裏からも落ちないようにしてあります。

【教材の使用方法】 抜くことから始めます。色の認識のレベルによっては，色関係なく入れていく子どももいます。色のマッチングができるのであれば，子どもがどのようにペグをさしていくのか見てみます。持ったペグに合った色の穴を探してさしたり，穴の色を基準に端から順番にさしたりする様子が見られます。このさし方の違いは，子どもが物事をどのように捉えているかを理解するヒントになります。

また，指導者が入れる穴を指定することで，子どもの考えることが変わります。使用方法を工夫しながら，子どもに合った使い方をしてください。

【留意点】 磁石を使う教材に共通して言えることですが，誤飲に気をつけましょう。特に複数の磁石が，腸の膜を挟んで付いてしまうと，そこから腸が壊死してしまいます。

（和泉澤　賢司）

丸をつくろう

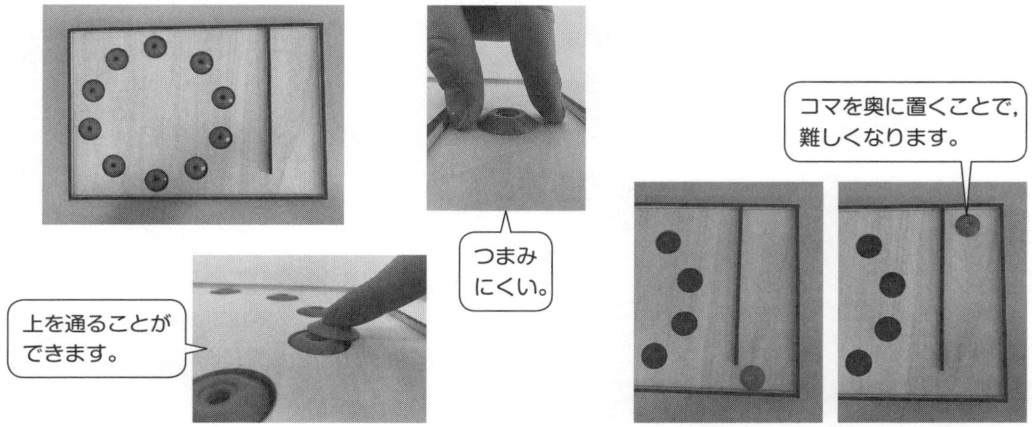
つまみ
にくい。
上を通ることが
できます。
コマを奥に置くことで，
難しくなります。

【教材のねらい】 始点と終点を見て，見通しをもって，指一本でコマを動かします。人差し指を出せるようになります。見通しをもつ力を高めます。目と手の協応動作を高めます。

【教材の工夫】 コマを置く場所によって，難易度を変えることができます。このコマは「コノエW」という建設関係の資材を活用しています。独特な形によって，指でつまみ上げることが難しくなっているので，指一本で滑らせて動かすことになります。

穴は，ボアビットという工具を使って，ボール盤で簡単にあけることができます。ボアビットはネット通販で手に入れることができます。コマが入る穴の深さは，すでにコマが入っている穴の上を，次のコマが通っても，引っかからない深さにあけます。

【教材の使用方法】 コマを提示する場所は，出口の近くから始めて，徐々に奥へとしていきます。より奥にコマを置くことで，長い見通しをもってコマを動かす必要があります。

その時に大切なことは，目を使って穴を見る，また，その穴までどうやって指を動かせば，コマを落とすことができるかという見通しをもつことです。出口に気がつかず，穴に向かって直線的にコマを動かそうとする様子があるかもしれません。その場合は，より出口に近い場所にコマを提示することから始めましょう。

【留意点】 コマの誤飲に注意しましょう。

（和泉澤　賢司）

交差のあるペグさし

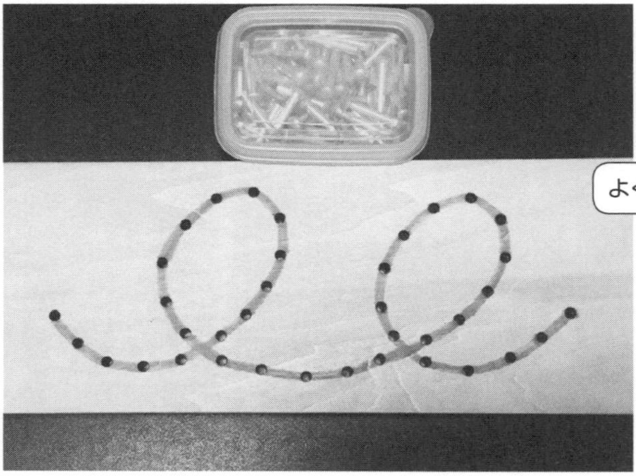

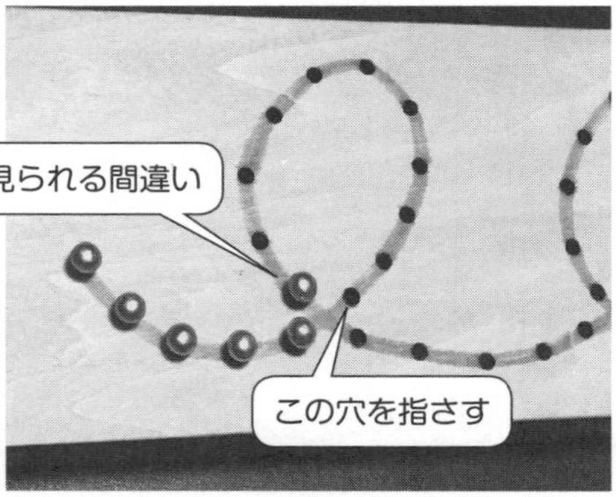

【教材のねらい】 ペグさし教材は，目と手の協応性を高めることができます。この教材ではペグが交差する点を作ることで，より複雑な目と手の協応性を高めることをねらいました。

【教材の工夫】 ペグさし教材は，子どもの発達段階によって教材の取り組み方にステップが見られます。順番を無視して目についたペグから抜きさしする段階→始点と終点を意識してペグを順番などの規則性に従って抜きさしする段階，にステップアップしていきます。そのために，様々な種類のペグさし教材を用いて学習ができるようにしました。

【教材の使用方法】 以下の手順で行います。①始点の穴に子どもの指を置く。②ペグの穴をさす順番に始点→終点まで指でなぞる（必要最小限に指導者の手を添えてもよい）。③始点から終点までペグを順番にさしていく。ここで子どもが交差するところで間違った穴にペグをさしそうになった場合，さすべきペグ穴を教師が事前に指し示す。④終点までさし終わったら再度始点から終点まで指でペグをなぞる。⑤「できたね」と言って褒める。

【留意点】 直線のペグさしでは順番にさすことができていても，交差するペグさしでは，交差するところで次にさすべき穴を見失って違う穴にさしてしまう，という様子がしばしば見られます（写真右）。ペグをさす前に線の全体像をイメージできるように必ず指でなぞることで，ペグをさす順番をしっかりと意識させることがポイントです。

※教材製作：障害児基礎教育研究会代表・吉瀬正則

（竹村　知恵）

色の延滞ボックス

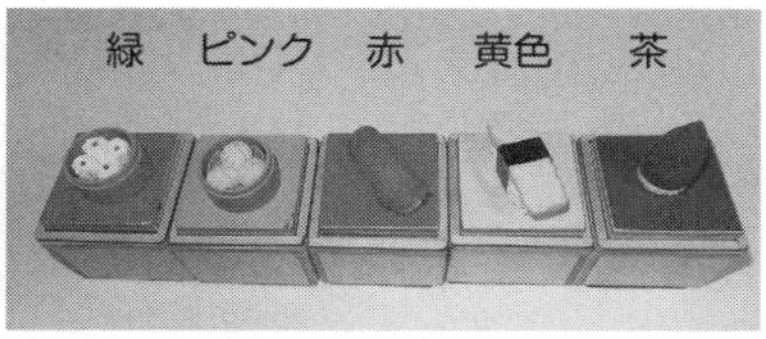

緑　ピンク　赤　黄色　茶
子どもの興味があるものを選んで，色と関連づけます。「赤は，まぐろ」「黄色は，たまご」と言わせてから隠します。

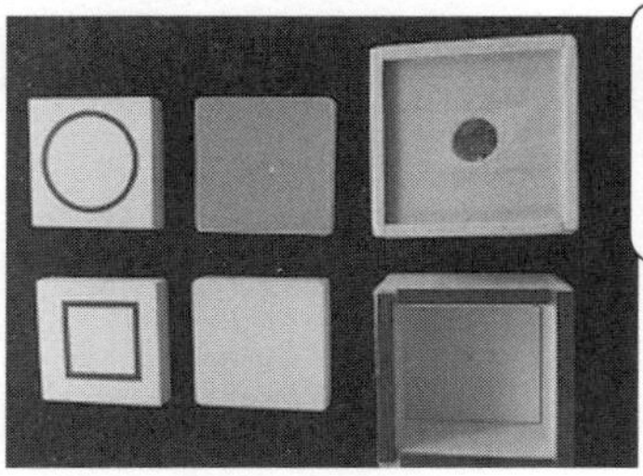

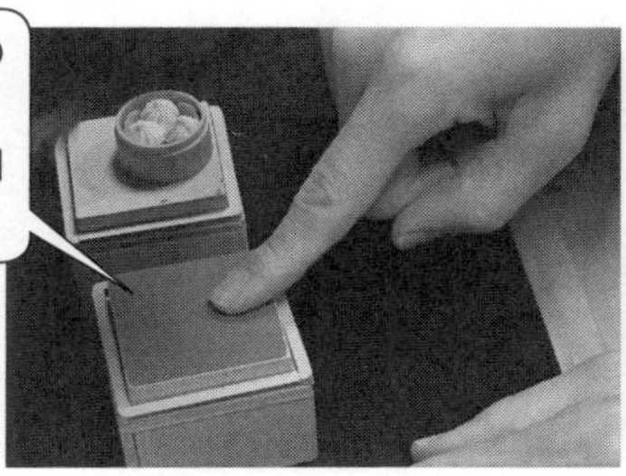

箱の中に対象のものを入れ，「茶色は」と問いかけます。

【教材のねらい】

・物が隠れても記憶が持続（延滞）することで言語発達を促す。
・色を手掛かりに隠れたものを想起する。
・シンボルや文字を手掛かりに記憶を想起する。

【教材の工夫】

延滞の学習では，箱やコップを使用し，提示したものを隠し，間をおいて，どっちにあるかを尋ねる方法が一般的です。この教材は，箱の上部に色板を乗せられるようにし，色を手掛かりに記憶を想起できるようにしています。また，色を○や△などのシンボルに置き換えられるようにしています。

【教材の使用方法】

・準備するものは，おもしろ消しゴム（野菜，食べ物，動物）と延滞ボックス。
・延滞ボックスは，厚さ5mmのシナベニヤで作製しているが，お酒を入れる枡や紙コップに色をつけても使用できます。
・色と関係する消しゴムを，「赤は，まぐろ，黄色は，たまご」と言いながら箱の上に置く。
・提示したものを，箱の中に入れて，「赤は」と尋ねる。

【留意点】

はじめは，どちらに入っているかなど，色を頼りに始めて，２つ，３つと増やしてスモールステップで学習していきます。一文字目のひらがなをヒントで示し，文字への興味をひろげていくことも可能です。

※教材製作：障害児基礎教育研究会代表・吉瀬正則

（村野　一臣）

線を結んでみよう

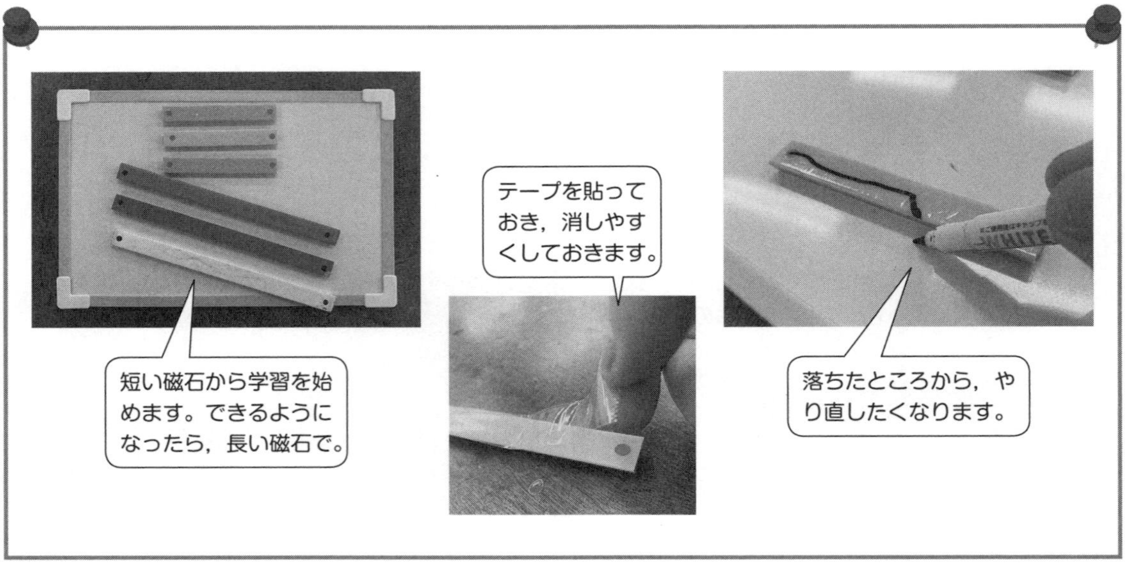

短い磁石から学習を始めます。できるようになったら，長い磁石で。
テープを貼っておき，消しやすくしておきます。
落ちたところから，やり直したくなります。

【教材のねらい】 始点から終点までを意識して線で結ぶ，学習者が自主的に結びたくなる教材です。

【教材の工夫】 棒磁石には，汚れたら消しやすいように，セロハンテープを上面に貼っておきます。始点と終点の印（○やシールなど）を付けてからセロハンテープを貼ると何度も使えてよいです。

線を引いている途中でペン先が落ちると，すぐに気がつくので，落ちた場所に自分でペンを戻して続きを引きたくなります。プリント教材では，枠からはみ出しても気づきにくいですが，この教材では感覚が教えてくれ，はみ出したことがわかりやすいでしょう。

【教材の使用方法】 まずは，短い棒磁石から学習を始めます。右利きなら，左から右や上から下が手の動きとしては線を引きやすいですが，自分の右手で線を引く先が見えないので，見通しのもちやすさでは，右から左に線を引く方がよいでしょう。学習者の得意な方向がどれかを見極めながら取り組みます。

短い棒磁石の学習が進んだら，次は長めの棒磁石で線引きに取り組みます。発展としては，マグネットシートを，線状にはさみで切り，使用します。マグネットシートだと，曲線にも加工して練習することができます。

【留意点】 上面が湾曲している棒磁石もありますが，ペン先が落ちやすくなってしまうので，平面になっているものを使用します。ホワイトボードマーカーは筆記具として一般的ではないので，鉛筆での書字や持ち方については，別途学習する必要があります。

（和泉澤　賢司）

ぎゅっぎゅっぎゅっ　おにぎり

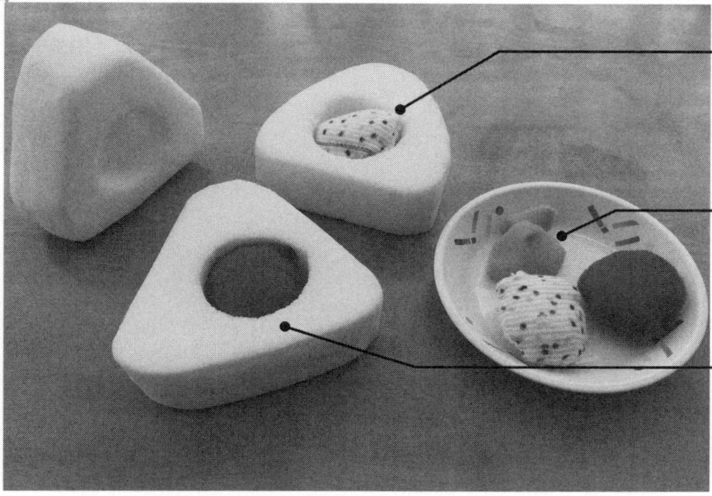

穴があいているため，具を入れる場所が一目でわかる！
具は３種類。握って入れやすい素材（布地），大きさになっている！
メラミンスポンジをくりぬき，具が見える状態のまま握ることができるため，見ている他の子どもも何おにぎりを握っているかわかる！

この教材は，知的障害教育部門小学部１年生の国語の授業で使用しました。「動きの言葉と動作が一致する」「言葉や動作を模倣する」という単元の目標で，おにぎりを握るときに「にぎってにぎってぎゅっぎゅっぎゅっ」という言葉に合わせて「握る」動作をしてほしいと思い，作成しました。具は，選びやすいように，さけ，うめぼし，ふりかけの３種類にしました。本物のおにぎりにするとお米がバラバラになってうまく形作ることができない，握るのに集中できない，本物のお米を触るのに抵抗があるといった子どももいるため，自分で「握る」という動作に集中できるよう模型で行うことにしました。

おにぎり本体はメラミンスポンジでできています。握ったときに，ある程度の弾力があり，握っても形が戻るという条件にぴったりでした。何度か握っていると亀裂が入ったり破れたりしますが，加工しやすく，安価で手に入りやすいので，すぐ簡単に作り直すことができます。具は穴の大きさとほぼ同じ大きさにし，はめこめるようにしてあります。

子どもは，好きな具を選ぶ，「にぎってにぎってぎゅっぎゅっぎゅっ」の声に合わせて握る，できたおにぎりを友達に渡すなど，教師や友達とのやりとりを通して言葉と動作を結びつけることができました。また，生活単元学習や親子活動で本物のおにぎりを握るときや，図工で粘土遊びをしたときにも，「にぎってにぎってぎゅっぎゅっぎゅっ」と言いながら握る姿があり，他の場面とのつながりが見られました。

（吉山　千絵）

上原式手サイン絵カード

書籍紹介

「上原式手サイン」で
楽しい読み書き学習
（明治図書）
★イラストカード等のCD付★

❶上原式手サイン絵カード

上原式手サインの絵カードには，清音，濁音，半濁音，促音，長音，拗音，混合のそれぞれの言葉が「生き物」「文房具」「生活用品」「身につける物」「食べ物」「乗り物」のカテゴリーに分けられ絵カードになっています。

手サインは，清音は胸のあたりで両手を打ちます。濁音は左手をパー，右手をチョキで「てんてん」に見立て，合わせます。半濁音は左手をパー，右手の親指と人差し指で丸をつくり合わせるなどというように決めた手サインをつけ，絵カードの言葉を手サインで打ちます。書くのが苦手な子どもや書くときに濁点や促音，長音を抜かしてしまう子どもに手サイン絵カードを見せて手サインをすることで，書き方を想起させることができます。

❷使い方

1．カードを床に裏向きに広げる。
2．曲に合わせて歩く。
3．曲が止まったら絵カードを１枚取る。
4．カードの絵を見て手サインをする。
（わからない場合は文字を読んでもよい。）
5．みんなで真似をする。
6．全員のカードが終わったら，カテゴリーごとに分けて片づける。

子どもの実態に応じて，促音の苦手な子は黄色，清音の読みが課題の子は赤色というように，カードの台紙の色を変えておくと子どもの課題のカードで学習することができます。

上記では動きを入れた学び方を紹介しましたが，特殊音節の言葉の学習やひらがな，カタカナを書く学習などにも使用できます。

（上原　淑枝）

単語カードと絵カードのマッチング

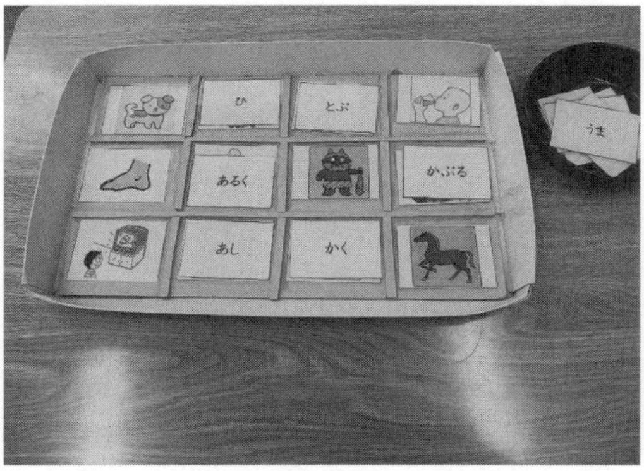

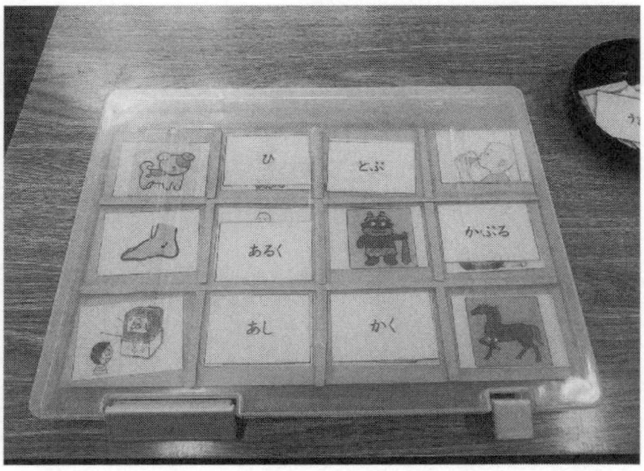

【教材のねらい】 単語カードの文字を読み，その内容がわかり，絵カードとマッチングできるようにします。

【教材の工夫】 菓子箱や厚紙を重ねたものを利用して，作製しやすい材料を使用するようにします。また，子どもが扱いやすい大きさのカード（3cm × 5cm）が置ける枠の数にします。絵カードは，絵や写真などを混在させるようにします。

【教材の使用方法】 絵カードを机の上に３枚程度並べ，教師が名称を言って，子どもに同じカードを取らせることから始めます。次に，教師が手に持った単語カードを読ませて，３枚の絵カードの中から選ばせるようにします。それから，この教材を使用して絵カードを箱の枠の中に並べて，教師が子どもに単語カードを１枚ずつ手渡し，子どもが読んで同じ絵カードの上に置いていくようにします。

最初は３～６枚程度の少ない数から始めていき，徐々に枚数を増やしていくようにしてもよいです。子どもが慣れてきたら名詞だけではなく，動詞も混ぜていくようにします。動詞も，最初は動詞のみで指導するようにし，子どもが慣れてきてから名詞と一緒に並べていきます。時には，単語カードを枠に並べて，絵カードを置かせるようにしてみるのもよいです。

【留意点】 カードには，少し厚みをつけて，子どもが取りやすいようにしてあげるとよいでしょう。子どもによっては，透明ケースに枠を入れるなどの補強も必要になります。

（庄司　英之）

国語
算数・数学
体育
音楽
図工・美術
日常生活
自立活動
SST
ICT

色と物の名称理解マトリクス

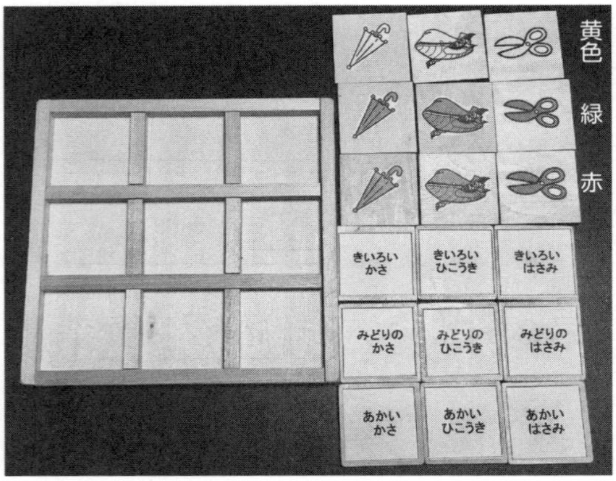

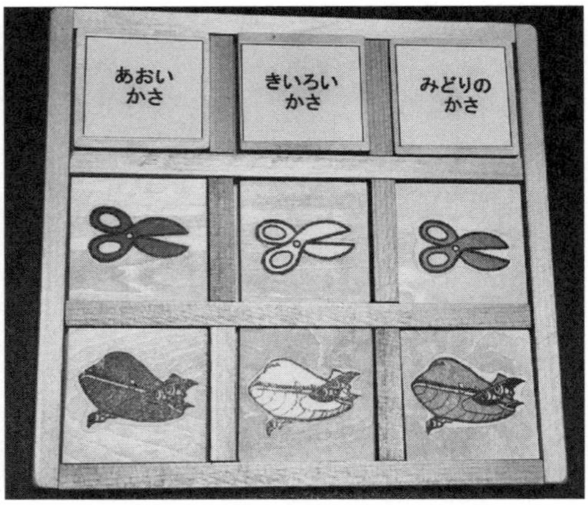

青　黄色　緑

【教材のねらい】 この教材は，物の名称を理解できている段階の子どもに用いる教材です。事物には，色・形・大きさ・用途・使う場所など，様々な要素や属性があります。この教材は，イラストから特定の要素だけを抽出して分類することを学習する教材です。

【教材の工夫】 文字カードと絵カードを重ねることで，文字と事物・色の名前を結びつけて学習することができます。また絵カードの製作をするときに，子どもの身近にあり親しみがもてるような事物と，わかりやすくシンプルなイラストを選んでいます。

【教材の使用方法】 まず絵カード９枚を枠の中に入れていきます。その際に，同じ色のものは同じ列に，同じイラストのものは同じ列になるように，教師が入れる場所を指示して，３×３のマトリクスとなるようにします。その後に文字カードを絵カードの上に重ねていきます。その際に，同色または同じイラストごとに順番に入れていくと，列ごとに同じ要素をもっているということの意識がつきやすくなります。文字カードを全て入れ終わったら完成です。何度も実施して慣れてきたら，子どもに全ての絵カードを渡し，教師は入れる場所を指示せずに，自分だけでマトリクスを作るように促します。

【留意点】 イラストや色は３種類に限らず，たくさんの種類を用意しておくと子どもが飽きずに教材に取り組むことができます。

※教材製作：障害児基礎教育研究会代表・吉瀬正則

（竹村　知恵）

ひらがな文字単語カード

絵・文字カード

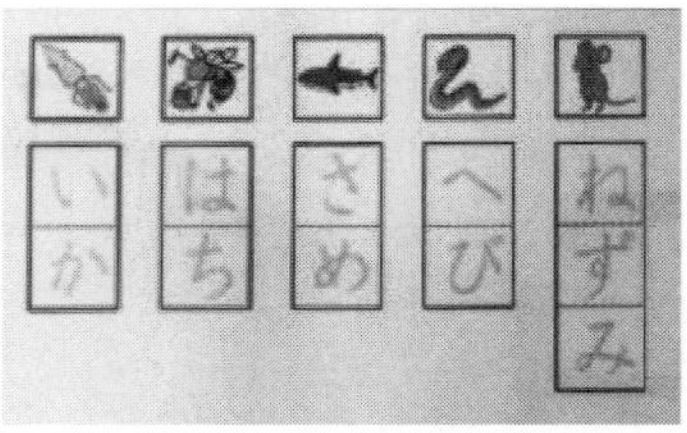

ヒント有・文字カードを貼る課題

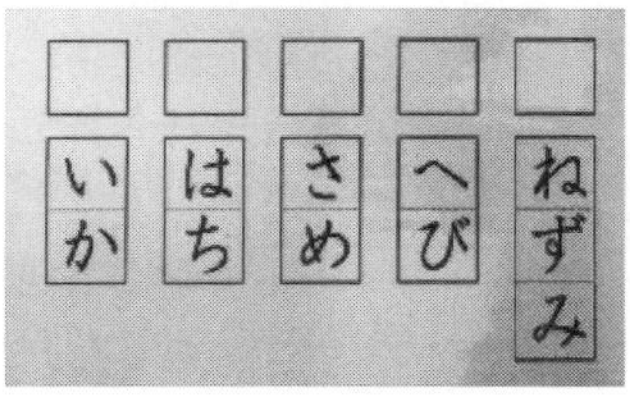

絵カードを貼る課題

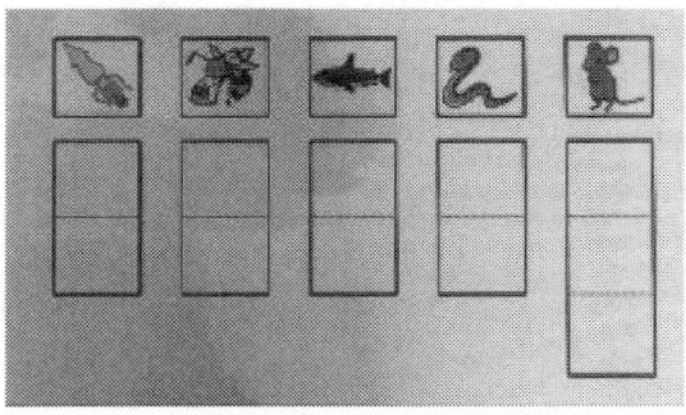
ヒント無・文字カードを貼る課題

【教材のねらい】

○単語を見て絵カードを貼る。

○絵を見て単語カードを構成する。

【教材の工夫】

・子どもの発達段階に応じて学習を進めることができるようにした。

・単語を見て絵カードを貼る課題，絵を見てから文字カードを貼る課題，単語カードを構成する課題を設定した。

・単語カードを構成する課題では，枠にヒントとなる文字を薄い色で書き，課題に取り組みやすくした。

【教材の使用方法】

・絵と文字のマッチングの課題に取り組む前に，絵の名前を知っていることを確認する。

・絵カードを貼る課題では，ひらがなの読み方を一文字ずつ一緒に読んで読み方の確認をし，文字と絵のマッチングをする。

・文字カードを貼る課題では，まず，ヒントを見ながら単語カードの構成課題に取り組み，できるようになってきたら，ヒント無しでの構成課題に取り組む。

【留意点】

・最初は，文字数の少ない言葉（１～３文字），清音の言葉から始める。

・学習を進めていく中で文字数を増やしたり，濁音，撥音，拗音，促音などを含む言葉の学習を進めたりする。

・子どもの興味のある事柄（食べ物，乗り物，動物など）の言葉を使って学習すると，興味をもって課題に取り組むことができる。

（田中　仁美）

動作語の理解

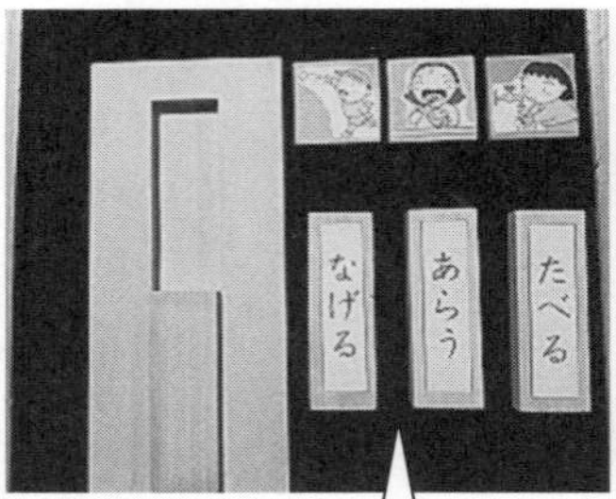

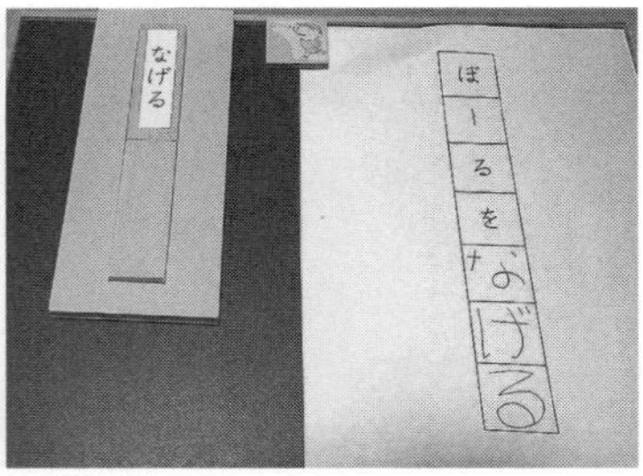

絵カードの動作語を理解できた後に，ひらがなとのマッチングを行います。教師と一緒に読むことに重点をおきましょう。間違えないようにすることが大切です。

【教材のねらい】

・日常的に使用する動作語を理解し，生活の中で生かすことができるようにする。
・絵と動作語（ひらがな）とのマッチングをする。
・動作語を書くことができるようにする。
・二語文につなげる指導を行う。

【教材の工夫】

動作語の絵カードは，厚さ５mm・４cm×４cmの大きさのシナベニヤに絵を貼り付けます。ホワイトボードに貼れるように裏には，マグネットシートを貼っておくと便利です。ひらがなカードは，100円ショップで購入できる木工用の木を使用しました。

【教材の使用方法】

・動作語を理解するために，教師が動作語を模倣し，絵と言葉が結びつくようにする。子どもと一緒に模倣して確認するとより定着する。
・絵を見せて，「何をしていますか」との問いに，言葉で答える。
・絵とひらがなのマッチングを行う。
・ひらがなを指さしながら一文字ずつ一緒に読む。
・ひらがなカードを選んで木枠に入れる。
・最後にプリントに書いて，再度読む。

【留意点】

・絵カードの理解を十分にしてから，ひらがなの指導に移る。
・絵カードからひらがなを２つ，３つと提示して選択し，確実に正解に結びつけていく。

（村野　一臣）

12 国語

文を作る

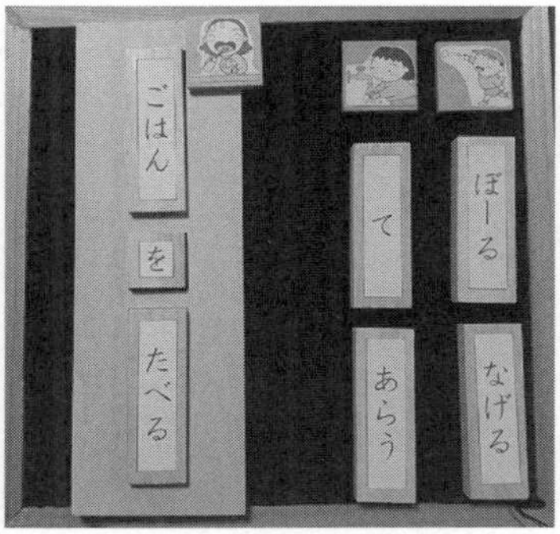

動作を学習している際に，二語文を意識しておきます。
名詞カードを先に，動詞カードを後に選ぶよう順序を考えておきます。
学習が進んできたら，混ぜてよいですが，動詞から選ばないようにします。

【教材のねらい】

・動作語を活用し，二語文の学習を行う。
・名詞の理解，助詞の理解，動詞の理解を促す。
・絵カードを見て，文を書く。

【教材の工夫】

・カードは，100円ショップで購入できる90×30×15mm，30×30×15mmの大きさの木材を活用している。

【教材の使用方法】

・動作語の学習の際に，次のステップである文の理解につなげるようにしておく。
・絵カードを見て，「何をしていますか」と聞いて，二語文で答える。例「ごはん　をたべる」
・まず，名詞カードを選び，木枠に入れる。
・次に助詞を選び，木枠に入れる。ここでは，「を」のみを使う。
・最後に，動作語を選び，木枠に入れる。
・教師と一緒にひらがなを指で押さえながら読む。
・プリントに文を書いて，再度読む。

【留意点】

・言葉をまとまりで理解していることがあり，読んでみると読み飛ばしたり，ひらがなを読んでいなかったりすることがある。読む際には，ひらがなを指で押さえながら読むと効果がある。
・質問文へつなげるため，「何をしていますか」と問うようにする。

（村野　一臣）

漢字カード・常用漢字筆順辞典

（葛西ことばのテーブル）　（NOWPRODUCTION）

反対言葉になるように並べよう

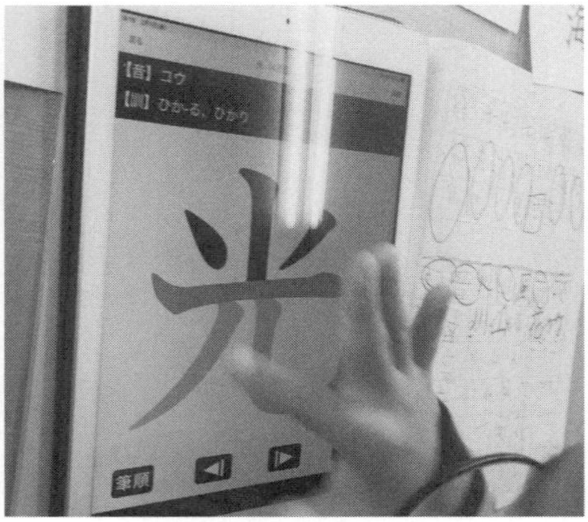

筆順アプリで，正しく書く練習

❶漢字訓練カード

「漢字訓練カード」（以下「漢字カード」とする）には，身近な漢字がリストアップしてあり，切り取るとカードを作成することができます。240の漢字が色，教科，比較語などに分類されており，表には漢字，裏には読みとイラストがかいてあります。本稿では，漢字カードを使った漢字の読み書き学習を紹介します。

❷漢字の読み書き

漢字カードを見て，読みを書きます。読みの下には漢字を書きます。カードを見て書くのが難しい子や筆順に間違いがある場合には，「常用漢字筆順辞典」（無料アプリ・右写真）を使うと，書き順通りに指でなぞり，一画ずつ筆順や字形を確認しながらノートに書いていくことができます。読み方がわからない漢字は手書きで入力し，読みの確認をすることもできます。

❸“あまのじゃく”で反対言葉を覚えよう

「トントントントンあまのじゃく」と教師が言い，比較語の漢字カードを見せます。子どもは「上」と漢字カードを読み，「下」と反対言葉を言います。このとき，動作をつけて行うとより効果的です。このやりとりを繰り返し，「早い」「遅い」「遠い」「近い」などとカードを見ながら反対言葉を言います。

教師と行った後は，反対言葉になるように，自分でカードを並べていきます。

（上原　淑枝）

G-Speak

(Gridmark)

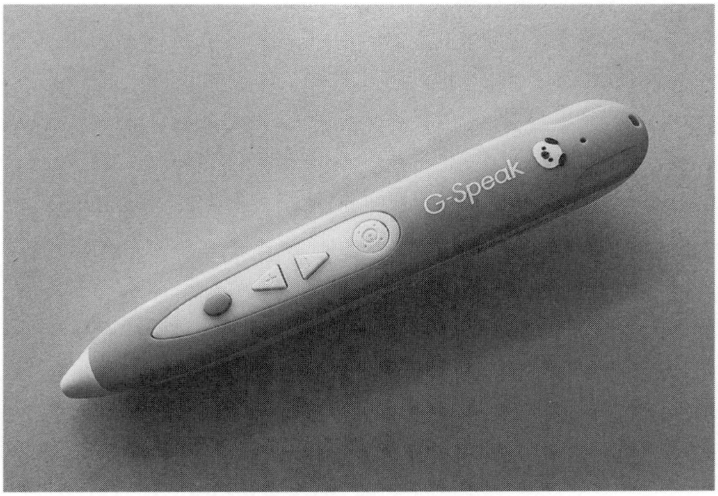

いわゆる読みの困難さのある子どもたちが学校で体験する労苦は，我々の想像を常に越えているに違いありません。一般的に教室では，ほとんどすべての情報が文字によって提示されています。教科書，板書，資料等，それらから情報を得られないことよりも，情報を得られないなかで何もできない無力感を毎日一方的に感得させられることの方がはるかにダメージは大きいでしょう。

近年，広く活用が進んでいるタブレット端末には，アクセシビリティの機能が標準装備されたものもあり，表示された文字の読み上げが可能になってきました。 しかしながら，すべて資料がデジタル化されているわけではなく，また，絵本や配付資料等デジタル化が難しいものもあります。そうしたいわばアナログなコンテンツをデジタル化する，平たく言うと，絵本等を音声化するツールとして注目されているアイテムの一つが音声ペンです。

音声ペン「G-Speak」はメモリスティックを内蔵でき，多くの録音データを保存できます。ドットシールにタッチするとあらかじめ録音した音声が再生されます。教科書や絵本はもちろん，テスト用紙でも同様に，本文，設問の部分にシールを貼って活用できます。タブレット端末等の読み上げ機能では，国語の設問の漢字の読みが問いのなかにある場合でも読み上げてしまう可能性がありますが，音声ペンならば録音時に調整が可能です。この情報は国立特別支援教育総合研究所の坂井直樹主任研究員から教えていただきました。

（杉浦　徹）

デジタル絵本　動いてみよう

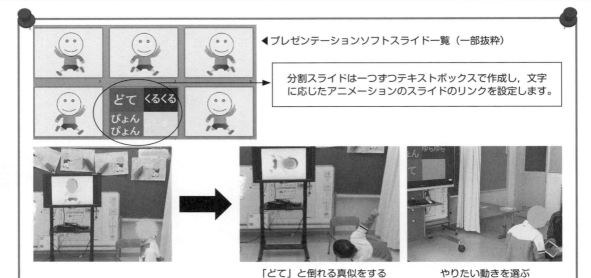

◀プレゼンテーションソフトスライド一覧（一部抜粋）

分割スライドは一つずつテキストボックスで作成し，文字に応じたアニメーションのスライドのリンクを設定します。

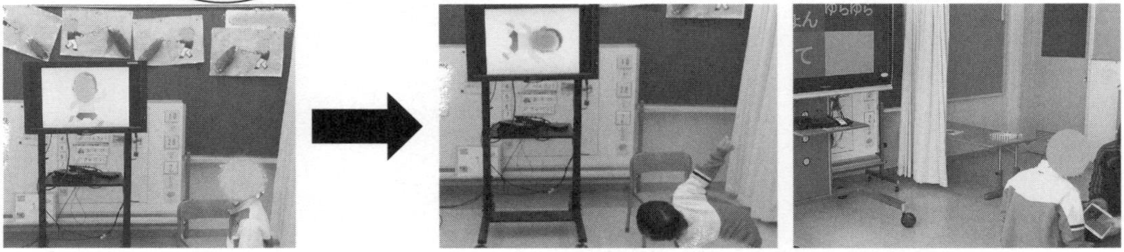

「どて」と倒れる真似をする　　やりたい動きを選ぶ

絵本のなかに出てくる動きを真似しながら，友達や教師と一緒に動きを表す言葉に触れ，言葉の響きを楽しむことをねらいとして，デジタル絵本を制作しました。

子どもが好きな絵本に出てくる「ぎゅっ」「どて」「ぷしゅー」等の動きを表す言葉に加えて，「ゆらゆら」「くるくる」等子どもが声に出して真似したくなるような言葉をプレゼンテーションソフトで再現しました。

授業では，まずはタブレット端末を操作しながら，動きを表す言葉で４分割されたスライドまで進めていきます。４分割のスライドをタップすると，各言葉に応じたアニメーションが再生されるので，子どもはそれを見て動きを表す言葉を声に出したり，テレビ画面の動作を真似して体を動かしたりします。

本教材の工夫としては，プレゼンテーションソフトをタブレット端末で使用することで，４分割のスライドを子ども自身が操作できるようにした点です。その結果，子どもがやりたい動きを自ら選んで活動する姿や，待っている子どもが友達の動きを決めてあげる等子ども同士がやりとりする姿が見られるようになりました。また，自分の顔が実際にデジタル絵本のなかに登場するようにしたことで，自分の出番を楽しみに待ち，意欲的に授業に参加する姿も見られるようになりました。

本教材を繰り返し使用し，友達や教師と一緒に声を出したり体を動かしたりすることで，どの子どもも楽しそうに動きを真似しながら言葉と実際の動きを重ねて経験することができました。

（松田　直樹）

もりのかくれんぼ

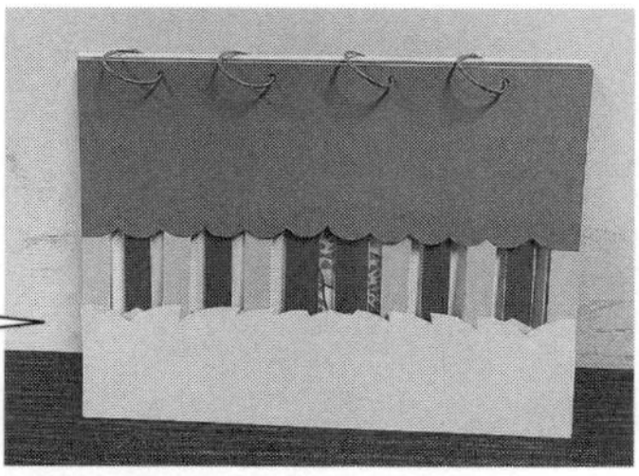

3層に重ねた厚紙をめくっていくと，木の幹が減っていき，下に隠れた動物の絵が見えてきます。

下の絵はクリアファイルに挟んであります。抜けば次の絵が見えるので，繰り返し学習できます。

【教材のねらい】 絵を見て名詞を答えます（想起と表出）。あるいはその前段階として，絵と言葉の２つの情報を一緒に提供することで，名詞の理解を促します。絵の一部から推測することや図地の弁別といった視覚認知の力を育てます。１学級程度の小集団での学習場面を想定しているので，動きのある教材を用いた注視や着席行動，場への集中なども実態によってはねらいに含まれます。

【教材の工夫】 この教材では，木の幹に見立てた枠で格子状に下の絵を隠すことで，全体像を捉えづらくしています。また，１枚めくるごとに格子が減り，下の絵の情報が増えていくことで，「○○かもしれない」という予測や「やっぱり○○だ」といった期待感をもちながら学習に臨むことができるのではないかと考えました。また，型紙を作成して，教材をキット化することで，教材作成の負担を減らしました。

【教材の使用方法】 曲に合わせて１枚ずつ，台紙をめくっていきます。子どもの実態に応じて，めくるごと，あるいは最後の１枚をめくる前などに，隠れている絵が何かを問いかけ，やりとりをします。最後の１枚をめくって曲が終わったら，絵をしっかり見せながら，改めて名詞を伝えます（名詞理解が課題の子どもが多い場合はここを丁寧に行うとよいです）。台紙を全て戻したら，下の絵を１枚引き抜いて続けます。５～６回くらいの繰り返しがよいです。

【留意点】 導入時は少し早いテンポで行うと注視を促しやすいです。

（落合　隆一）

テレビ絵本とルーレット鍋

絵本をデジカメで取り込んで
テレビ画面で見せます。
みず

鍋をかき混ぜる場面でルーレットを回転させます。

材料のイラストカードの裏面には
マジックテープがついています。

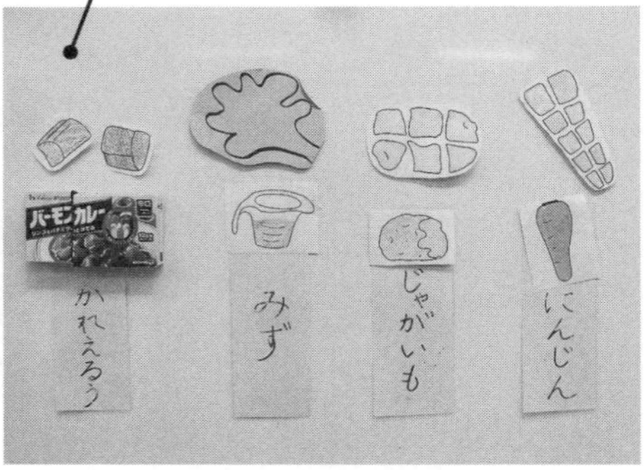

今回紹介するのは，本校知的障害教育部門小学部の国語科授業において，集団という学習形態をとり，子どもの主体性や友達とのかかわり，学び合いを大切にしながら，子どもが身近にある食べ物の名前や動きの言葉を学習する授業実践です。

子どもにとっての身近な食べ物ということで，給食や家庭での食事によく出てくる「カレー」を取り上げ，カレーの材料や調理過程での動きの言葉を学習することにしました。絵本『ぐるぐるカレー』（矢野アケミ著，アリス館）を用い，それをパワーポイントで再構成してテレビ画面に映し，テレビ絵本として提示しました。アニメーション効果を使用し，鍋をかき混ぜるイラストを回転させたり，絵本の文を分かち書きに表記したりすることで，子どもの興味をひいたり，子どもがひらがなに注目したりするようになりました。

また，テレビ絵本に出てくる鍋のイラストをルーレット装置で作成し，絵本の場面を再現できるようにしました。鍋をかき混ぜる場面では，ルーレットを回転させました。鍋に材料を入れる場面では材料のイラストカードをルーレット鍋に貼ることができるよう，面ファスナー（マジックテープ）をつけました。ルーレット鍋の回転に合わせて「ぐるぐる」と言いながら腕を回したり，教師の音読を聞いてイラストカードをルーレット鍋に貼りつけたりと，絵本の世界のイメージを体感していました。子どもは絵本の世界のイメージを体感しながら材料の名前や動作の言葉を楽しく学習することができました。

（寺倉　万喜）

18 国　語

くいしんぼおばけ

実際に操作して食べ物をおばけに食べさせる場面。この後，食べたものによってプレゼンテーションソフトのおばけの表情が変化します。（カレーなら辛そうな表情をする等）

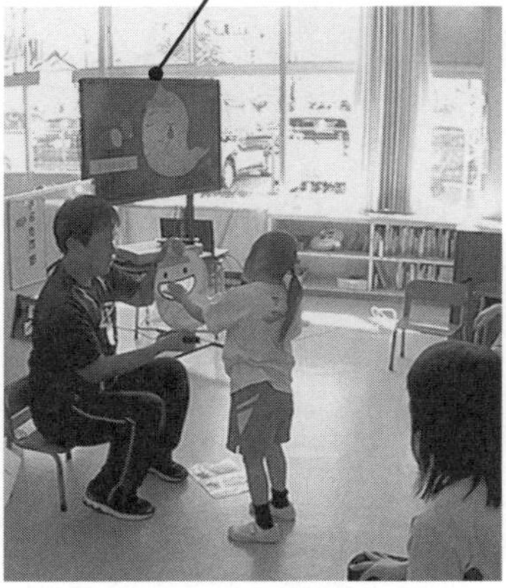

デジタルとアナログ両方のよいところを生かし，それぞれの教材の役割を明確に分けておくと，子どもにも注目するところがわかりやすく，興味をひきやすくなります。

本教材は「くいしんぼおばけ」（詞：村田さち子／曲：福田和禾子）の曲を元に，プレゼンテーションソフトを使って創作した物語です。曲に合わせて物語を進めていくことで，物語の世界に入り込み，子どもの意識が学習に向きやすくなることをねらいとして制作しました。本教材を使用した単元の目標は，①物語を通して食べ物の名前を知ったりおばけの表情の変化を感じたりする，②物語に出てくる食べ物に気づき，おばけに食べさせたい食べ物を選ぶ，の２点です。

教材の使い方として，デジタル部分とアナログ部分を使い分け，子どもの興味が継続できるようにしました。デジタル部分ではプレゼンテーションソフトを用いて物語を展開します。アニメーション機能を使って映像に変化をつけたり，出てくる食べ物に因んだ歌を活用したりすることで，子どもたちは興味をもって学習に臨み，物語の展開や内容について十分に理解することができました。

アナログ部分では，おばけに食べさせたい食べ物を選んでラミネート加工したおばけに食べさせたり，食べ物に因んだ遊び歌をグループみんなで行ったりします。実際に操作したり教師や友達と触れ合ったりする等，デジタルでは難しい，身体を使った活動をすることで，子どもが実感をもって学ぶことができました。

デジタルとアナログを使い，繰り返し活動するなかで，選ぶことが難しかった子どもも選択できるようになったり，食べ物の名前を言えるようになるなどの効果が見られました。

（藤永　隆宏）

「スイミー」を読もう

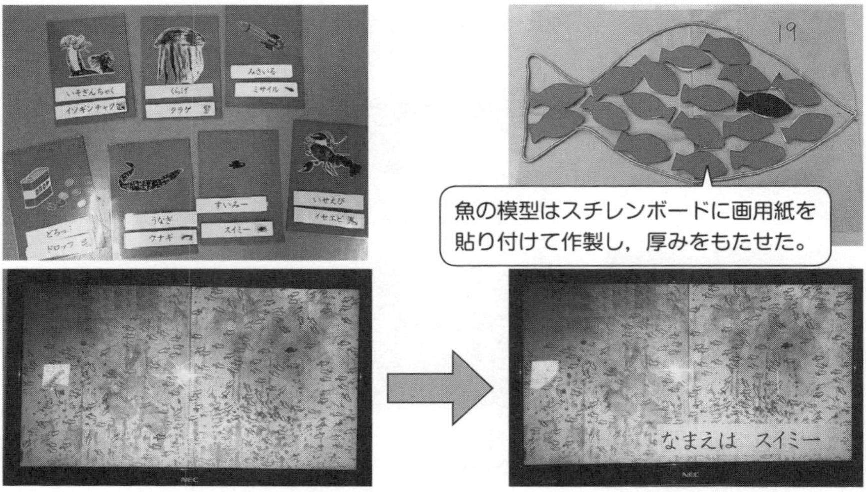

魚の模型はスチレンボードに画用紙を
貼り付けて作製し，厚みをもたせた。
なまえは　スイミー

プレゼンテーションソフトで作成

【教材のねらい】①「スイミー」の物語の中に出てくるカタカナの読みを覚える。②物語を音読することができる。③「スイミー」の物語の中に登場する10以上の魚の数を数え，ストーリーを再現できる。

【教材の工夫】①「スイミー」の物語の中に出てくるカタカナの読みを覚えるために，イラストとひらがなを提示した上で，カタカナにそのイラストを小さく示したものをマッチングできるようにした。②物語の音読はプレゼンテーションソフトで作成し，音読する文字を子どもの読みに合わせて表示するようにした。子どもの音読の実態に応じて読む文章を短くしたり，長くしたりすることができる。③主人公のスイミー以外に魚の兄弟たちが複数いることから，ストーリーの展開の理解とともに，この物語のクライマックスにあたる大きな魚になるシーンを，子どもが実際に10以上の数の魚の模型を操作し，再現することで，10以上の数の学習を取り入れた。

【教材の使用方法】①物語に登場するもののイラストとひらがな単語カードのマッチングを行う。その後ひらがな単語とカタカナ単語カードのマッチングを行う。マッチングを行うカードは面ファスナーで着脱ができる。②教師はプレゼンテーションソフトの操作を行い，子どもはテレビ画面に現れたひらがな文字を音読する。③子どもは示された数字の数の「赤い魚」を数え，枠の中に貼り付ける。この授業では２人１組の活動とし，３組で競争する形をとりました。最後に目になる黒い魚（スイミー）を貼り付けて終了です。

（落合　恵理子）

玉ひも

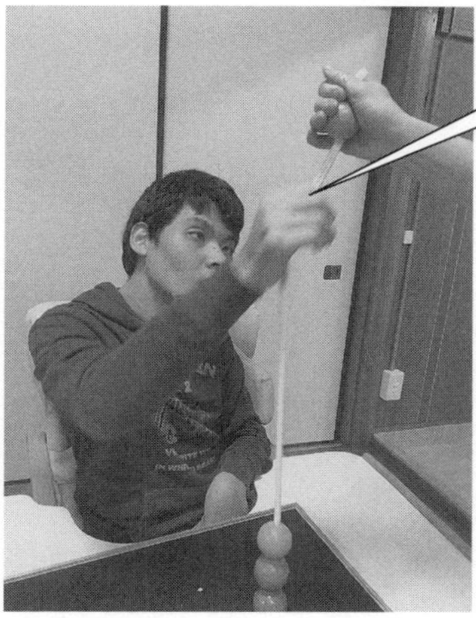

手元の玉をしっかり見ることが大事です。しっかり見られたときは，「見たね」などの言葉かけをします。

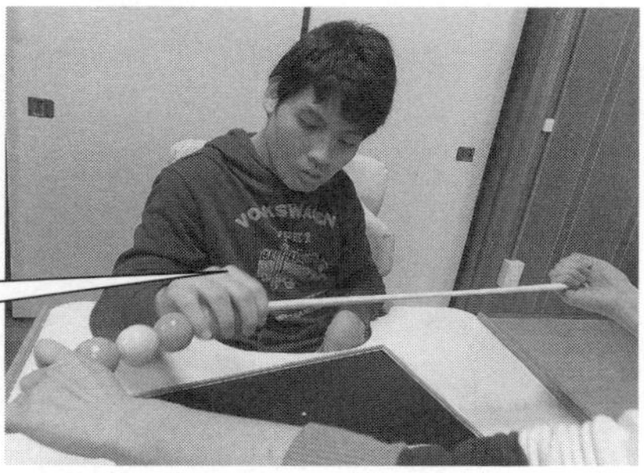

始点から終点まで，目で追えているかを教師も確認することが大切です。

【目的】

①手元を注視して操作することができるように，目と手の協応の力をつけます。

②木球を動かすことで，１から５までの順序数を理解できます（10個の玉ひもで１から10までの順序数も理解できます）。

③木球を始点から終点まで動かすことで，線を引くことへの学習につながります。

【ねらい】手元を注視して操作する力をつけます。

【特徴】子どもが注目し，手が出しやすく，ずらすときの感触に魅力があります。

【材料】

①木球Φ６cm５個（100円ショップで１個110円）または木球Φ３cm５個（100円ショップで16個入り110円）

②カラーひも巾７mm（100円ショップで３m110円）

③アクリルスプレー５色（100円ショップで１色110円）

★材料は，ホームセンターでも購入できます。木球は様々な大きさがあります。アクリル塗料を使って，筆で塗ることもできます。

【活動方法】

①教師が一緒に１から５まで数えながら，上から下へ玉を１つずつ引っ張ります。

②次に同じように，左から右に玉を１つずつ引っ張ります。

【留意点】木球は，ボール盤で穴をあけます。ひもの太さと子どもの実態やねらいによって，穴の大きさを調節します。

※教材製作：障害児基礎教育研究会代表・吉瀬正則

（真志喜　良一）

同じ物の上に重ねよう

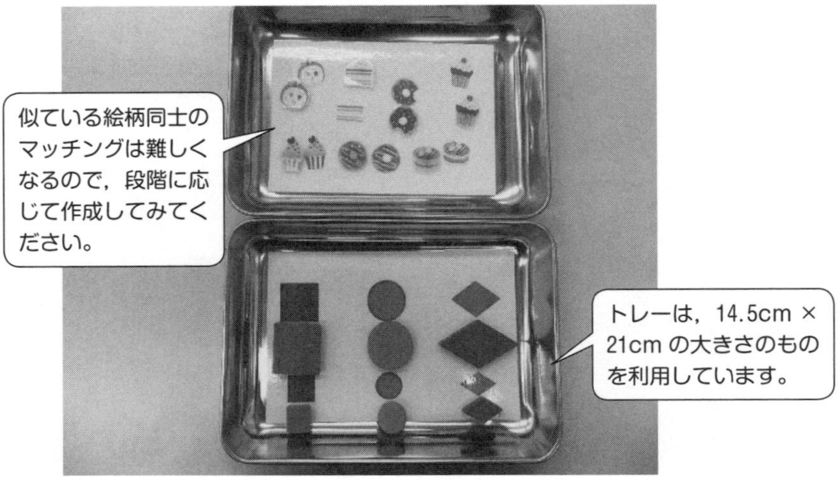

似ている絵柄同士のマッチングは難しくなるので，段階に応じて作成してみてください。
トレーは，14.5cm × 21cm の大きさのものを利用しています。

【教材のねらい】 形や色の違いを見比べて，台紙の形（色）の上に同じ形（色）のマグネットを重ねて置くことがねらいです。

【教材の工夫】 はめ板等，枠を手掛かりに比較・弁別・選択・分類を積み重ねてきた子どもに，枠を手掛かりにしなくても学習に取り組めるよう，ステンレストレーを利用しました。選択肢と同じ物を選び，具体物をステンレストレーの上にかざすと，磁石で「ピタッ」と貼り付くところが，はめ板の枠に「パチッ」と入る感覚と似ています。枠のない状況でも自発的に取り組む姿が見られました。また段階を追って教材を作成することもできるので２択から始め，少しずつ選択肢の数を増やしたりすることも可能となります。事物，形，色，大小等，様々な課題を用意することができますので，作成の幅を広げられる教材となります。

【教材の使用方法】 はじめは，教師が選択肢となる具体物のマグネットを一つずつ手渡ししながら行います。そして課題に慣れてきたら，マグネットを一度に全て渡すようにしていきました。

【留意点】 形を見比べて同じ形の上に置くことが難しいときには，土台の選択肢を２択から行うようにし，徐々に段階を追って課題を増やすようにしました。また事物での課題に関しては，一つのステンレストレーに似た物の絵柄や同じ色合いの絵柄が並ぶと，間違えやすくなるため，より一層，見比べることが要求されるので，課題としては難しくなります。

（秋元　涼子）

22 算数・数学

かたちをつくろう

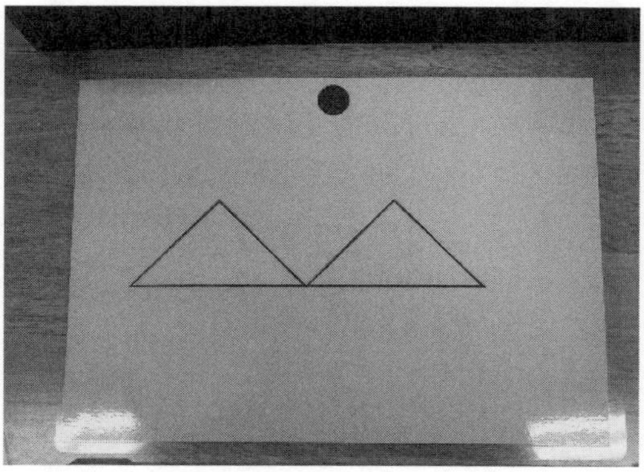

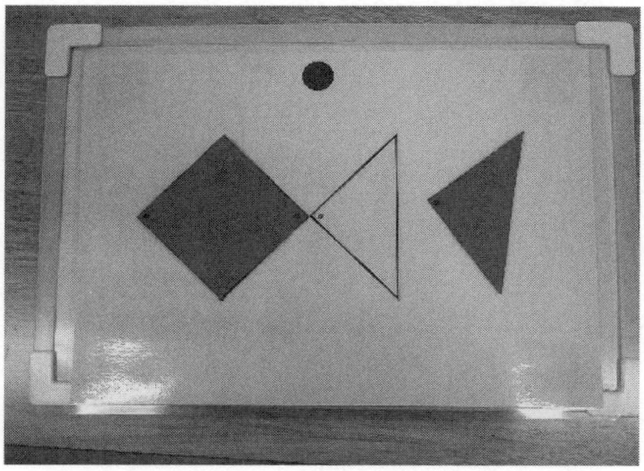

【教材のねらい】

三角形をずらしたり，回したりして，いろいろな形を構成する。

【教材の工夫】

この教材は，太田ステージⅡ～Ⅲ－１の小学部６年生３名の算数の授業で使用しました。三角形を並べたり合わせたりすることで，様々な形を構成し，想像力を広げることができると考えました。工夫した点は，個々の実態に応じて，様々な形のシートを用意したホワイトボードを配付したことです。また，上部に青いシールを貼り，ホワイトボードの置き方を示しました。三角形の直角を意識するよう，三角形と形の枠の直角に○印もつけました。

【教材の使用方法】

自分で考えながら楽しく図形に慣れ親しむ学習を以下のように行っています。①机上で取り組めるよう，一人一人にホワイトボードを配付する。②形のシートと三角形を同じ向きに並べるよう促す。マッチングが難しい子どもには，形の枠の線が大きくて太いものを用意し，見えにくさへの配慮をする。③三角形を２つ組み合わせたり，回転させたりして，四角形や大きな三角形を構成させる。④少しずつ三角形の数を増やし，「魚」や「きつね」などの様々な形の構成をさせる。最後に，何を作ったのかを発表させる。

【留意点】

形の構成に重点を置き，三角形は単色で指導しました。

（鈴木　沙也加）

輪ゴムのボード

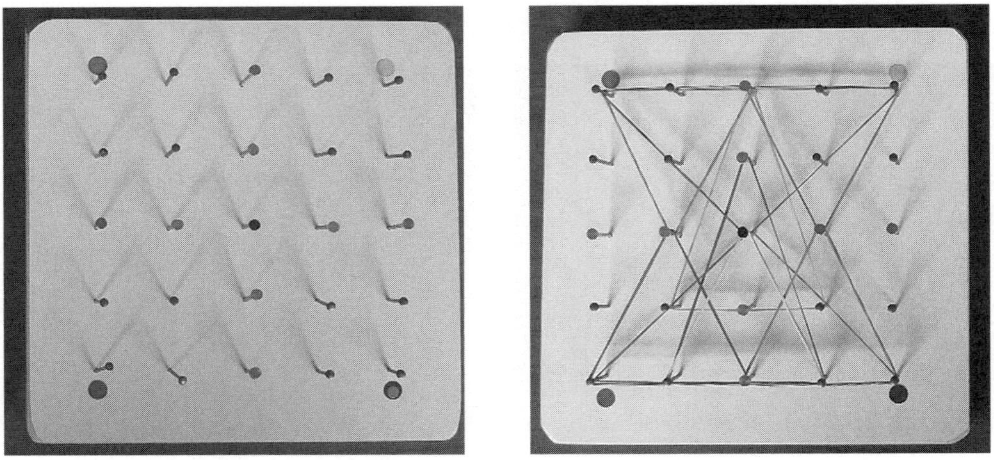
基本的な図形だけでなく，さまざまな図形を作ることができます。

この教材は，正方形の木のボードに釘を打って作製しました。輪ゴムを釘にひっかけて形を作ることで，空間認知を高めることができる教材です。形の学習だけでなく，文字の学習にも活用することができます。

四隅には赤・黄・青・茶のシールを貼り上下や左右を捉えやすくしています。

また，輪ゴムの操作を通して，手先の巧緻性の向上も期待できます。書くことが苦手な子どもでも，操作があることで，学習にも取り組みやすくなります。定規や方眼紙等の道具がなくても容易に学習に取り組むことができます。

子どもの力に合わせて輪ゴムの数を増やしたり，色を変えたりすることで，学習内容の応用が幅広く利くのもこの教材の特徴です。形の概念から図形の特徴まで，幅広い学習活動に対応できます。

授業時間だけでなく，休み時間等でもゲーム感覚で楽しめる活動を設定することが可能です。例えば，友達同士で時間を競ったり，図形で作ったものの名前を当て合ったりすることができます。

使用するための準備も手軽に行うことができ，教室にボードと入れ物に入れた輪ゴムを用意しておけば子どもが自ら準備して使用することができます。

教師の工夫でさまざまな学習に活用できるのがこの教材のよさです。

〈参考文献〉

東濃特別支援学校研究会編著（2016）『特別支援教育簡単手作り教材 BOOK』クリエイツかもがわ

（梅村　和由）

1から3の数

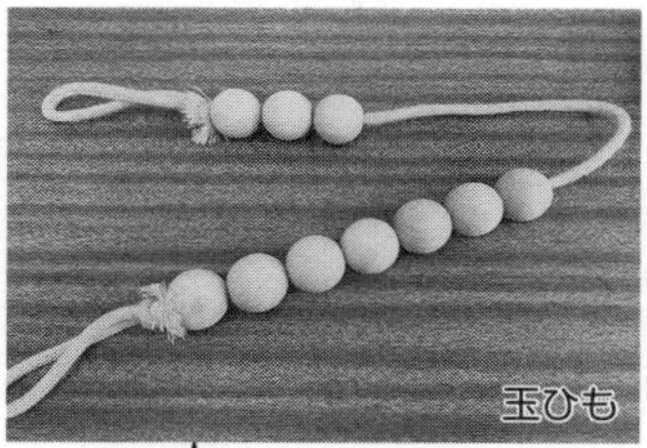
玉ひも

玉は，ひもとの摩擦があり，動かしている感覚があります。

入れることが難しい時は，抜くことから始めましょう。

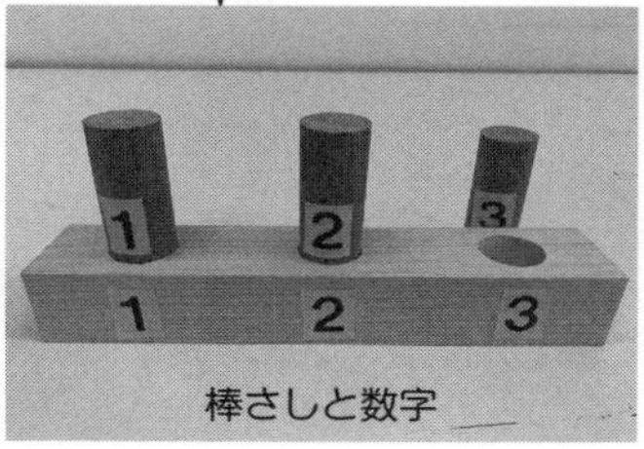

棒さしと数字

タッパービー玉落とし

ぽこぽこと，くせになる感覚です。

【教材のねらい】 数の理解を深めます。４以上の数の理解をするために，３までの数の学習に様々な視点，教材から取り組みます。

【教材の工夫】 １～３までの数を学習する教材を複数用意します。頭の中での具体物イメージを操作するような教材も用意します。

【教材の使用方法】

「玉ひも」は，粗大運動と具体物，数を対応させる教材です。玉を動かす時に，教師が数えたり，子どもが数えたりします。数字を言ったら，教師がつかんでいる玉を離して動かすなどの使用方法もあります。また，ひもの両側を教師が持ち，上下，左右，斜め，前後でも課題を設定することができます。

「棒さしと数字」は，穴と具体物，数を対応させる教材です。子どもがつかみやすい大きさで作ります。写真の教材は，大きめなものです。

「タッパービー玉落とし」は，指の動きと具体物，数を対応させる教材です。指で押し込むと落ちるように，穴の大きさを調整します。ぽこっと気持ちよく落ちます。

「音との対応」は，抽象的で形のない音を，数と対応させる課題です。例えば，カスタネットを使って，教師が鳴らした回数のボールを取ったり，数字を書いたりします。頭の中で数をイメージする必要がある学習です。

【留意点】 １から50までの数字カードを並べることができたり，数唱で言えたりしても，量についての理解や頭の中での数の操作など，実際の数の認識がどのようなものか，様々な教材に取り組むことで確認します。

（和泉澤　賢司）

1から5のドットかずカード
—かずをかぞえてみよう—

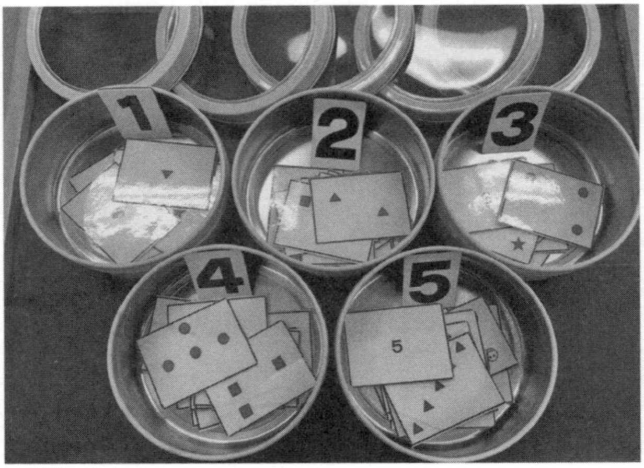

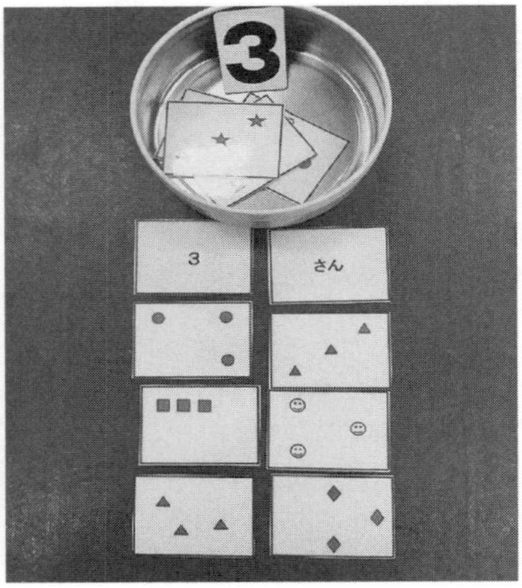

【教材のねらい】 1～5までのドットを数えて，数と具体物を一対一で結びつけて分類できるようになるための教材です。

【教材の工夫】 材料は手に入りやすいものを使い，かつ短時間で作りました。①スチール缶は100円ショップの台所コーナーにある調味料入れで，底がマグネットになっており，教材を提示するときにホワイトボードや提示枠などにくっつけることができて便利。②数字のマグネットシートは同じく100円ショップの製品。③ドットカードは，エクセルで自作。●■▲等の色々な図形や，「さん」など数字の読み方をセル内に入力し，プリントアウトしたものにラミネートをかけ，セルの線に沿って切ったもの。全行程で1時間程度で作成可能。

【教材の使用方法】 ①缶からドットカードを取り出し，子どもに渡す。②子どもはドットカードを見て，ドットの数を数え，同じ数字の缶に入れていく。1～5まで全てなくなったら終了となる。

【留意点】 子どもの実態によっては，1～5までのドットカードを一度に全て渡すと間違えてしまう場合もあります。そのときは，①課題の数を1～3までにする，②教師がカードを1枚持ち，「これはいくつ？」と子どもに提示して1枚ずつやっていく，①と②を組み合わせるとうまくいきます。筆者の経験上，4と5は難易度が上がるため，まずは1～3だけで試した後，1～4，1～5と難易度を徐々に上げていく方法がよいです。

（竹村　知恵）

限定枠，自由枠のペグボード
―１から５の教材―

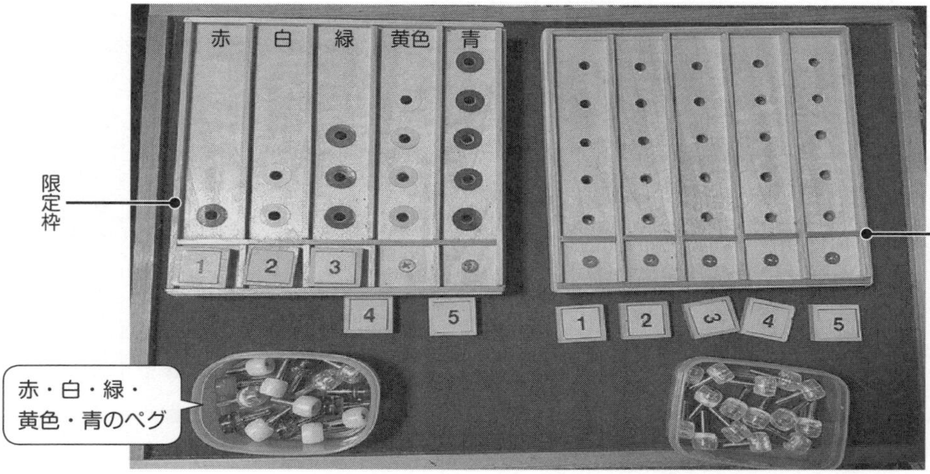

【教材のねらい】 １～５までの数を，難易度の異なるペグボードを使って学習します。

【教材の工夫】 ペグをさすボードを難易度で２つに分け，ステップアップしながら学習できる教材です。１つは『限定枠』といい，ペグ穴の数が予め正解の数だけあいているものです。またペグとペグ穴の色を一致させて，色を手掛かりにしてさせるようになっています。もう１つのボードは『自由枠』といい，ペグ穴の数が１～５全てで同じになっているため，限定枠に比べて難易度が上がります。

【教材の使用方法】 まず限定枠の方から実施します。１の赤色のペグから順番に渡していき，５の青色のペグまで全てさし終わったら，ペグの数を数えながら数字カードを所定の枠に入れます。最後にもう一度，声に出して１，２，３，４，５と数えます。慣れてきたら一度に全てのペグを渡し，自力でやってもらうようにします。次に自由枠を使って学習します。同じ手順で，最初はペグを１つ，２つ，３つ，４つ，５つと数のまとまりを作って渡します。正しくない場所にさす様子が見られるときは，指で正しいペグ穴をさしてヒントを出します。限定枠を見本として隣に置いておくのもよいです。ペグをさし終わったら，数字カードを入れて，最後に１，２，３，４，５と数えます。

【留意点】 はじめは限定枠を正確にできるようにして，徐々に自由枠の課題に取り組んでいくと子どもが自信をもって課題に取り組むことができます。

※教材製作：障害児基礎教育研究会代表・吉瀬正則

（竹村　知恵）

ジグザグマグネット

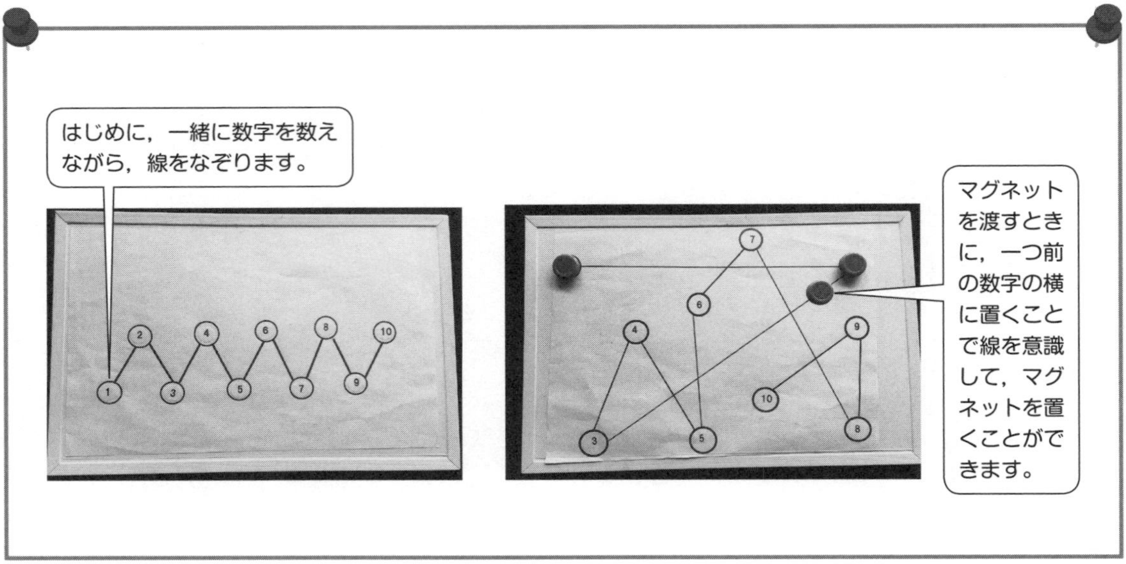

はじめに，一緒に数字を数えながら，線をなぞります。
マグネットを渡すときに，一つ前の数字の横に置くことで線を意識して，マグネットを置くことができます。

【目的】

①線を意識して，追視することができるようにする。

②見えている数字から見えていない数字までを数えることで，順序数の理解を深める。

【ねらい】

順番に線をつないだり，目で追ったりできるようになります。

【特徴】

意図的に数字を隠すことで，線を順番に追うことの大切さを理解できます。また見えないものを想像する力や認知の世界が広がり，予想できないことへの不安が軽減すると考えられます。

【材料】

① ①から⑩までを線でつないだシート

② マグネット（①から⑩の上に置いて隠すため）

③ ホワイトボード

④ 透明なクリアファイル（ホワイトボードに貼って，シートを挟めるようにする。）

【活動方法】

① ①から⑩までを数字を数えながら，順番に指でなぞります。

② ①から⑩までの上に，順番にマグネットを置きます。

③ 指示した数字の上のマグネットを取ります。

【留意点】

シートは，線が単純なものから複雑なものまで，段階を踏んで用意します。

※教材製作：障害児基礎教育研究会代表・吉瀬正則

（真志喜　良一）

上下左右　どれかな　探してみよう

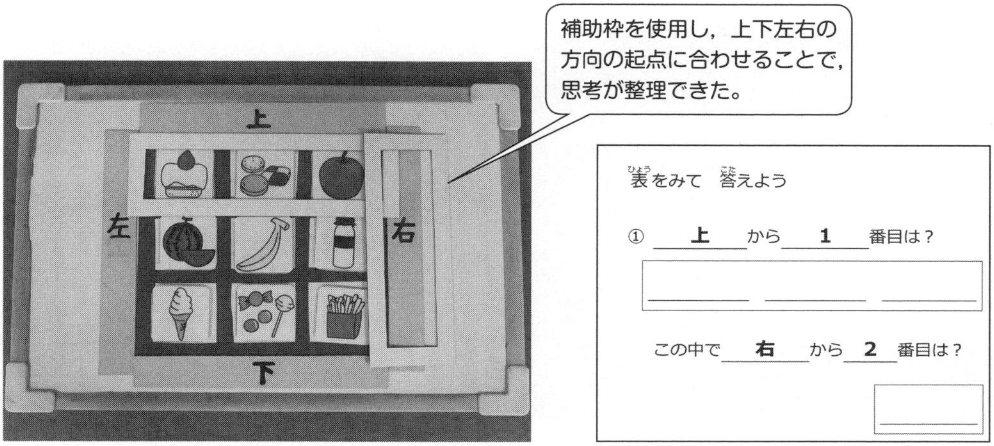

補助枠を使用し，上下左右の方向の起点に合わせることで，思考が整理できた。
上
左
右
下
表をみて　答えよう
①　上　から　1　番目は？
この中で　右　から　2　番目は？

【教材のねらい】 順序性の理解があり，一方向からの「○から□番目は？」等の問いに正答できる段階の子どもを対象とし，「上から○番目で，右から○番目は？」といった二方向からの指示に対する発展的な学習として使用します。

【教材の工夫】 格子の枠以外は，取り外し可能なマグネットを使用しています。学習の初期段階では，方向の起点となる上下左右をあらかじめ示し，マグネットを長くすることでその辺全てが起点となることを意識づけます。起点となる方向が変わる際，２段階での思考を整理するために，プリントと，補助枠を用意します。

【教材の使用方法】

①プリントを使用する方法

「上から○番目は？」の問いに答えます。複数の答えを全て記入するように促します。必要に応じ，ホワイトボードの答え以外のカードは取り除いておきます。次に起点を変え「この中で右から○番目は？」と問います。

②補助枠を使用する方法

「上から○番目は？」の問いに，「上」に補助枠を合わせ，補助枠を操作しながら答えます。必要に応じ，ホワイトボードの答え以外のカードは取り除きます。次に方向の起点を変え「この中で右から○番目は？」の問いに，「右」に補助枠を合わせ，補助枠を操作しながら答えます。補助枠が重なっているところが答えです。

【留意点】 表の学習の前に，一列のみで学習を行い，段階的に取り組むと効果的でした。

（冨田　信乃）

色と物のマトリクス教材

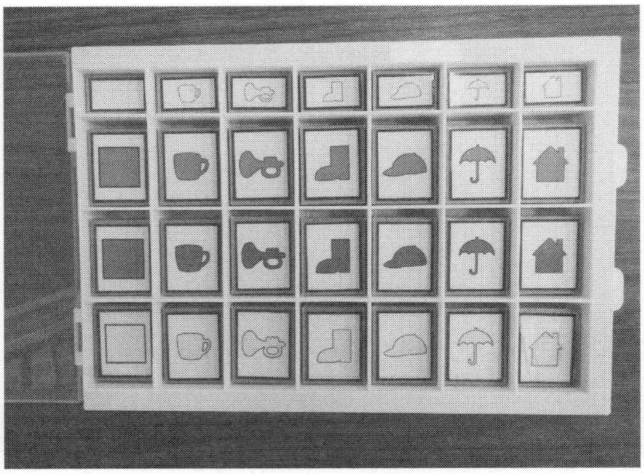

❶教材の特徴

物には，色や形，量や大小等，さまざまな概念があります。この教材は，同じ物を複数の概念で見ることを促すために使用しています。

子どもが関心をもって取り組めるよう，日常生活で身近な物を中心に取り上げています。また，子どもにとって持ちやすいものの，指先に多少集中力を向けることが必要となるような大きさのブロックを使用しています。ブロックは枠にぴったりと収まるようになっているため，感覚を楽しみながら取り組むことができます。さらに，縦軸と横軸を同時に辿ることが求められるため，指先だけでなく，視線の動かし方にも集中力が必要となります。子どもの様子を見て，取り組む個数を増やしたり減らしたりする調整も可能です。

❷使い方

事前にいくつかはめ込んでおくことで取り組む個数を減らすなど，子どもの様子を見ながら難易度を適宜調整します。

1．ブロックの絵を見て，教師と一緒に物の名称と色を言葉で確認する。

2．当てはまる箇所にブロックを入れる。慣れるまでは，教師と一緒に指さし等で確認しながら取り組む。

3．子どもの様子を見ながら教師によるヒントを少しずつ減らし，最終的には自分の力で遂行することを目指す。

算数的な課題ですが，応用として「赤いコップ」といったように，形容詞を加えた名称表現を練習することで，国語的な要素を含めた学習にもつなげることができます。

（奥村　遼）

大小の教材☆マグネット教材

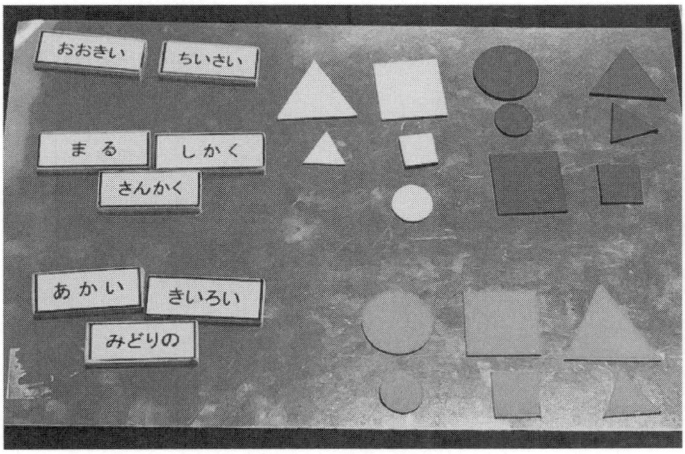

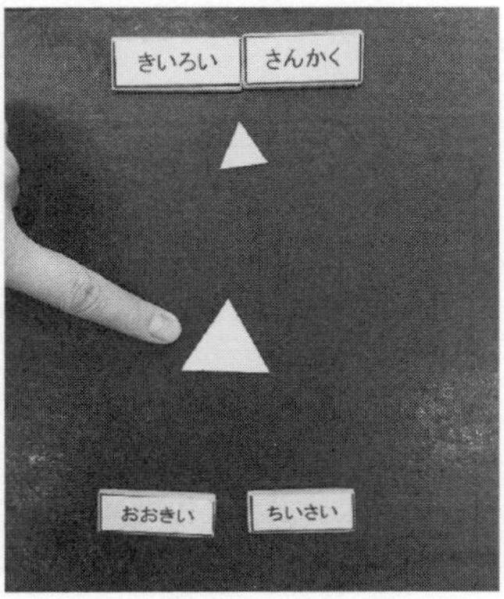

【教材のねらい】 ○□△の基本図形を，大きさや色といった概念を加えて言語化していくための教材です。

【教材の工夫】 カード類はマグネットシートを用いて作ります。教材の下にホワイトボード等を置くことでカードが固定されるため，より使いやすくなります。またどのカードも手の平に収まるサイズにし，教材が子どもの視野に全て入るようにします。大小関係の課題のときに必要になるので，色や形の名前が書いてあるカードは２枚ずつ作ります。

【教材の使用方法】 まず○□△の形カードを１つ子どもに提示します。次に色の名前が書いてあるカードを３つ提示し，正しい色名のカードを取るようにします。続いて形の名前が書いてあるカードを提示し，正しい形の名前のカードを取るようにします。いずれも３択が難しい場合は，２択にするとよいです。ここまでを同じ色・同じ形で，大きさの異なる形カードで再度行います。２つの課題をクリアしたら，異なる大きさの形カードを２つ並べ，どちらか１つの形カードを子どもの近くに提示します。そしておおきい・ちいさいカードを子どもの手元に提示し，「どっち？」と問いかけ，形カードの下に正解の大小カードを選んで置くようにします。最後に３つの文字カードをつなげて提示し，『おおきい・きいろい・さんかく』などと完成した文を，子どもに読むように促します。２つとも終わったら最後に形カードを並べて大小の比較をします。

※教材製作：障害児基礎教育研究会代表・吉瀬正則

（竹村　知恵）

Frog Pond Fractions Learning Game

—分数や色・形を体験的に学ぼう—

（TREND）

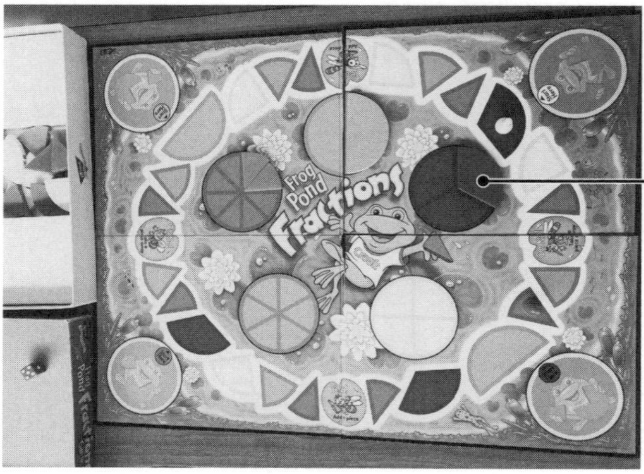

子どもに合った課題と協力がコツ

$\frac{1}{3}$ を足そう。$\frac{1}{3}+\frac{1}{3}$ で $\frac{2}{3}$。
あと $\frac{1}{3}$ でぶどうケーキが完成だ！

筆者は，Amazon.co.jp で購入しました。

❶教材の特徴

実際に合わせる，数える，操作することで大きさや色の違い・同じを実感できます。いろいろな段階の子どもが同時に学べます。

❷使い方

勝ち負けでイライラすることなく学習に集中できるように，協力ゲームに変えました。

1．色ごとに「いちごケーキ」「ぶどうケーキ」等命名する。
2．好きな色の駒を選び，サイコロを振って進める。止まったところの色や形を見て，同じ大きさのピースを選び，ケーキシートにのせる。
3．１つのケーキができあがればみんなで拍手。決めた時間でゲームをストップする。

２でピースをのせるときに子どもに応じた課題を行います。いずれも実際に比較することで確かめをするようにします。

段階	課題
1	色名を答える・色マッチング
2	形のマッチング（向きも合わせる）
3	分数を正確に言う（さんぶんのいち）
4	加えた後に足し算の式と答えを言う（$\frac{2}{4}+\frac{1}{4}=\frac{3}{4}$）
5	足し算の後に約分した分数を言う（$\frac{3}{6}$ は $\frac{1}{2}$）

❸情報

異なる段階の子どもが一緒に学べるものでは，「4-way CountDown Game」（Ideal）もおすすめです。

（池田　康子）

アナログ計算機

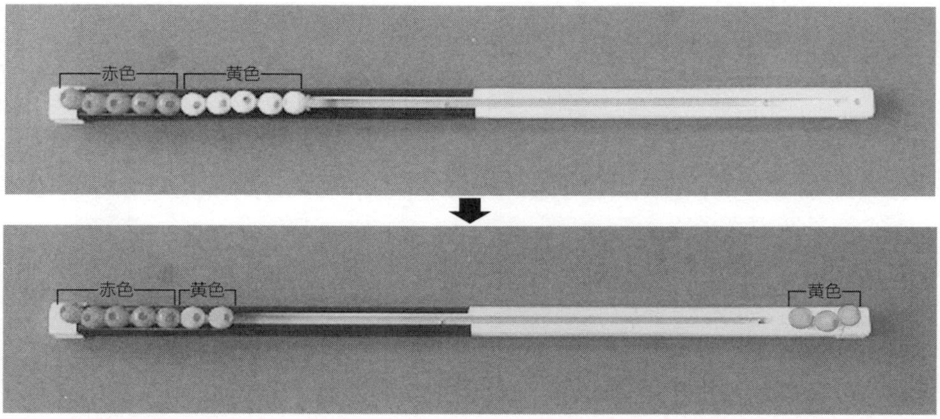

10－3＝7

計算の基礎的な能力となる10までの数の合成，分解に習熟できる教材です。もちろん数を減らせば５までの数の合成，分解にも活用できます。

この教材は，左半分にビニールテープで色をつけたカーテンレールとウッドビーズで作成できます。赤色と黄色というようにわかりやすい色のウッドビーズを２種類５つずつ，写真のようにはめ込んで作成します。材料は手芸用品店などで手軽に購入することができ，長い期間活用できる教材です。

使い方も簡単で，ビーズを左右に動かして合成，分解を目で見て確かめながら理解することができます。写真の教材では，10までの数を扱うため赤のビーズが５つ，黄色のビーズが５つはめ込まれています。ビーズを大きなものにして，ビーズに「10」を記入すれば，100までの数を扱うこともできます。

また，10までの数の繰り上がりのない足し算や，10までの数の引き算の計算にも活用することができます。写真では，10あるビーズから３つを右にスライドし，「10－３」の計算を手で操作し，目で見て確認しています。数の合成，分解で使った教材なので，計算も正しく理解することができます。

子どもが扱うときにもビーズがパラパラと落ちることがなく操作が容易で，落ち着いて学習することができます。準備や片づけも簡単で，場所をとることもありません。

〈参考文献〉

東濃特別支援学校研究会編著（2006）『特別支援教育簡単手作り教材 BOOK』クリエイツかもがわ

（梅村　和由）

繰り上がりの足し算補助教材

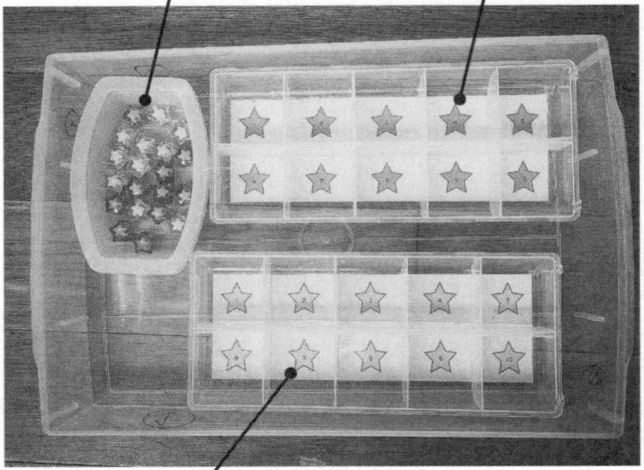

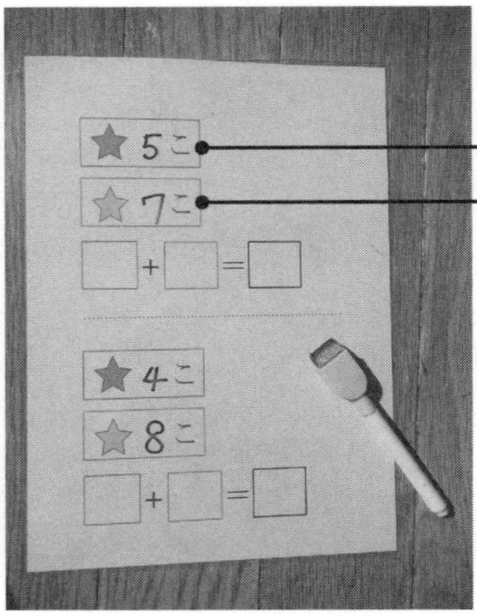

❶教材の特徴

自閉症の子どものなかには，聴覚よりも視覚的な情報の方が優位な子どもがいます。また，間違いや失敗することにとても抵抗のある子どももいます。そのような子どもには，自分で見てやり方がわかり，主体的に取り組めることが大切になってきます。

この教材は，繰り上がりのある足し算を学ぶために作成しました。数え足しでできるので，繰り上がりのない足し算ができれば自分で教材を操作しながら学ぶことができます。ビーズは，足す数，足される数を色分けしてあり，ビーズの色と足し算シートの枠の色を同色にしています。足し算の計算のなかのどの数字を示しているのか，視覚的にわかりやすいようにしています。

❷使い方

準備として，足し算シートの枠の中に10以下の数で，繰り上がりになるように数字を書いておきます。

1．足し算シートの青色の枠の数（足される数）を見て，同じ数の青いビーズをケースに入れる。
2．足し算シートのピンクの枠の数（足す数）を見て，同じ数のピンクのビーズをケースに入れる。
3．青とピンクのビーズを数えて答えを出し，足し算シートに記入する。

応用として，２まで行った後，ピンクのビーズを青いケースに入れて10をつくります。そうすると，10をつくるための補数や数の分解などの学習につながっていきます。

（原　史）

国語 算数・数学 体育 音楽 図工・美術 日常生活 自立活動 SST ICT

100かいだてのいえ

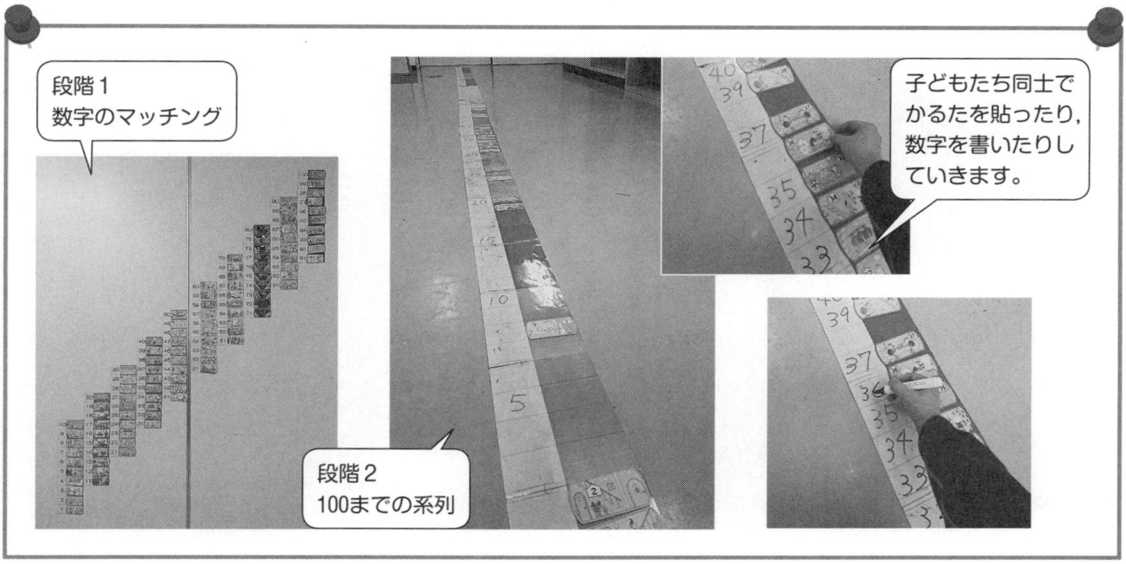
段階１
数字のマッチング
段階２
100までの系列
子どもたち同士で
かるたを貼ったり，
数字を書いたりし
ていきます。

【教材のねらい】

・100までの数の系列や読み方，書き方を理解する。
・100までの数の大小を理解する。

【教材の工夫】

子どもたちが大好きな『すうじかるた　100かいだてのいえ』（いわいとしお，偕成社）を教材にしました。かるたには磁石，台紙の裏にはステンレスシート（100円ショップのホワイトボードを解体したもの）を貼り，黒板に貼り付けても，かるたが落ちないよう工夫しています。活動内容を工夫することで，主体的に数の系列を学ぶことができます。

【教材の使用方法】

段階１　数字のマッチング

ホワイトボードに台紙（数字あり）を貼ります。子どもたちを順番に呼び，10階ずつかるたを貼り，読みます。100階立ての家が完成したら，大小比べを行います。

段階２　100までの数の系列

床に台紙（数字なし）を置きます。子どもたちにかるたとホワイトボードマーカーを配り，全員でかるたを貼り，数字を書いていきます。100階立ての家が完成したら，大小比べや「○○より□□大きい数」等，子どもの実態に応じた問題を出します。

【留意点】

グループの実態に応じて，１～３回目は50階まで，４回目以降に100階まで行うなどの工夫は必要です。配るかるたの量を工夫したり，かるたの配り方を工夫したりすると，子どもが飽きずに取り組むことができます。

（島田　陽子）

アクティブナンバープレート

（トーエイライト）

【3＋2の場合】

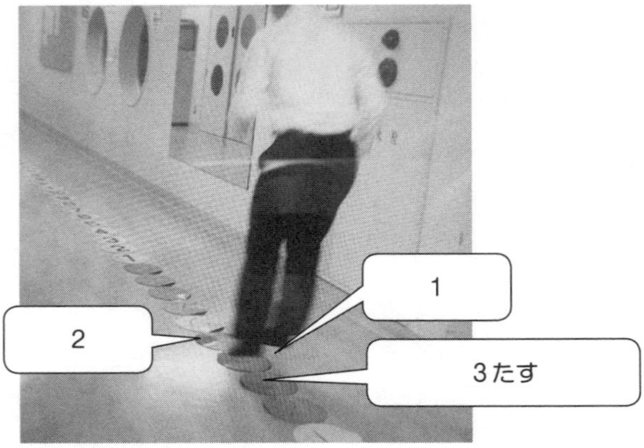

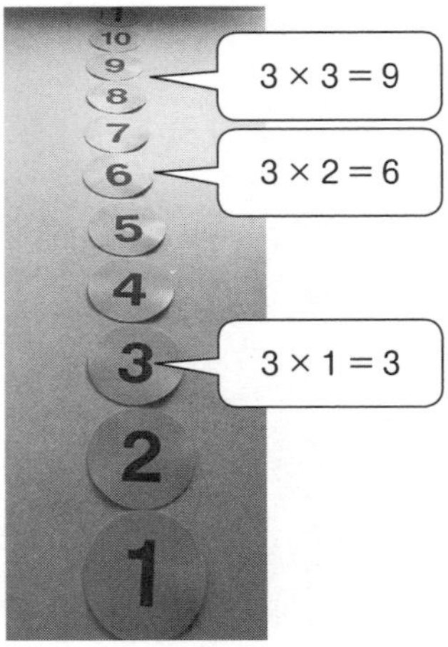

筆者は，Amazon.co.jp で購入しました。
「11」は左側に「1」を追加。画用紙でも代用できます。6の段以上はレジャーシート等を活用。

❶教材の特徴

足下の数字を見ながら（視覚）唱えて（聴覚）その数字まで両足ジャンプ（運動感覚）することで間違えて覚えたかけ算九九を修正し，正確さを向上させたり，スピードアップを図ることができます。間違いを言わずに済み，自分で確かめられるという利点があります。

❷使い方

⑴数の学習

「いち，に……」と唱えながら，その数字上をジャンプします。

⑵足し算【3＋2の場合】

「いち，に，さん」と唱えながら3まで両足ジャンプで進んで止まります。「たす」「いち，に」と2つ進みます。足下の数字「5」が答えです。

⑶引き算【5－2の場合】

数を唱えながら「5」まで進みます。「ひく」「いち，に」と唱えながら2つバックします。体の向きを変えて前進する方法もあります。

⑷かけ算九九暗唱

「さんいちがさん，さんにがろく……」と唱えながら答えの数字上をジャンプします。6の段からはレジャーシートに数字を書くなど，特製シートを使い無理なくジャンプします。

⑸より楽しむために

ゲーム性をもたせると楽しさがアップします。

- メトロノームで速さに挑戦
- サイコロを転がして「課題の段×出た目」までどちらが素早く辿り着くか競争
- 狙った答えにお手玉を滑らせ，ジャンプ

（池田　康子）

お金カウントシート

見てわかりやすいように位ごとに仕切るのがポイント！

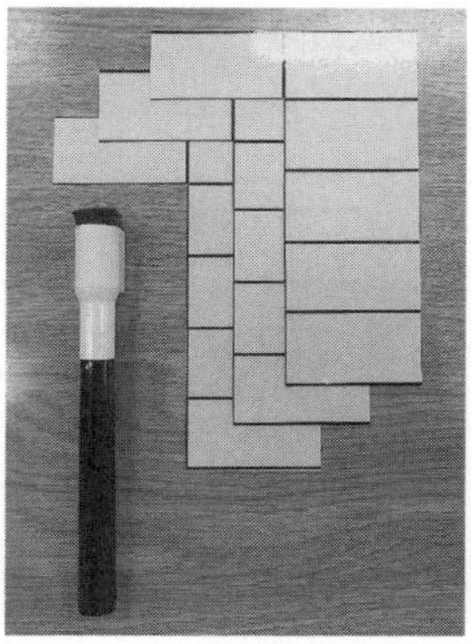

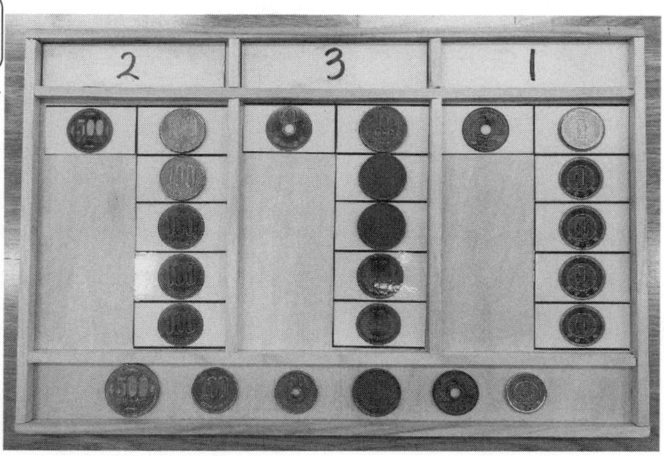

【教材のねらい】 千円未満の金銭を理解します。①指定された金額分の硬貨を選んで出す。②硬貨の数を数えて金額を書く。

【教材の工夫】 それぞれの位が，視覚的にわかりやすいように，木材の仕切りで区切りました。教材下部の枠の中に，硬貨を複数置いておけるスペースを作りました。そのスペースから硬貨を選んで，並べていけるようにしました。教材上部に，金額を何度書いても消せるよう，ラミネートした紙と水性ペンを用意しました。教材の中央は，縦に硬貨を５枚ちょうど並べられる幅を設定し，５の数を意識できるようにしました。

【教材の使用方法】 ○硬貨を選んで並べる課題①３円，30円など指定された金額を，５枚以下の同一硬貨を並べて構成する。②234円などそれぞれの位が５以下の指定された金額を，硬貨を並べて構成する。③マッチングシート（硬貨の写真）を外して，枠のみのシートを置き，指定された金額の硬貨を並べる。④８円，80円，800円など，それぞれの位が５以上で，５円，50円，500円硬貨を必要とする金額を並べる。⑤789円など千円未満の金額を，硬貨を並べて構成する。⑥枠のみのシートで，硬貨を並べる。○硬貨を数えて金額を書く課題①枠のみのシートを使用し，位ごとに硬貨を数えて，金額を書く。②シートを外して，①と同様に行う。

【留意点】 硬貨の名称を全て理解してから，課題を行います。硬貨はなるべく実物を用意しました。一回ごとに金額を声に出して読む，または教師が読み上げるようにしました。

（片野　智貴）

割引計算機

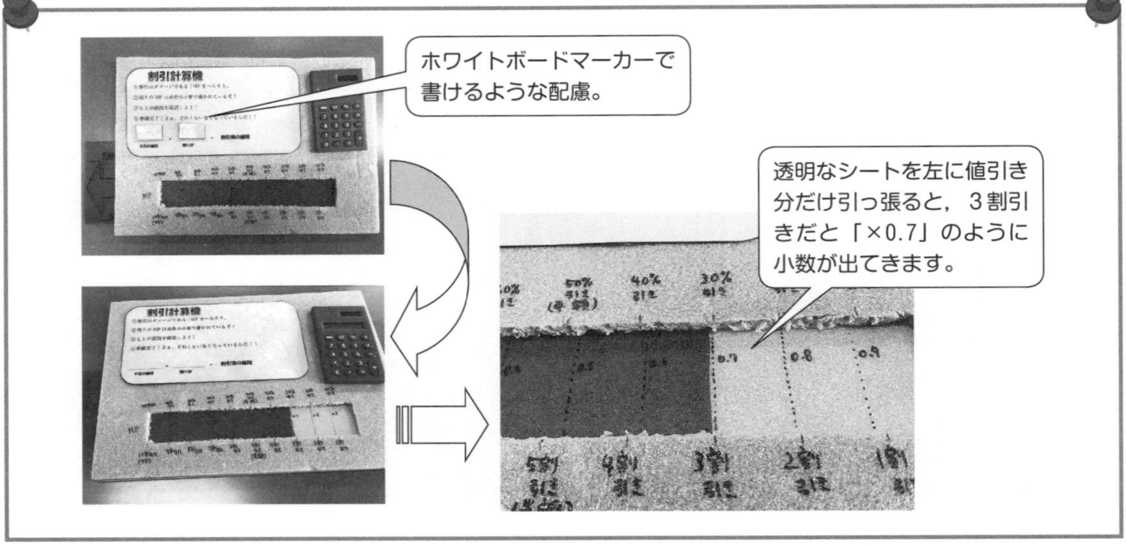

ホワイトボードマーカーで
書けるような配慮。
透明なシートを左に値引き
分だけ引っ張ると，３割引
きだと「×0.7」のように
小数が出てきます。

【教材のねらい】 割引の計算を簡単に行うことができ，その計算方法に慣れます。「３割引きの場合は×0.7」のかける部分がわかるようになります。

【教材の工夫】 値引きされた割合と残りの割合が視覚的にわかるようになっています。高校生に馴染み深いTVゲームのライフゲージのようなものを採用しています（写真参照)。また，「元の値段」と「残りのHP」をホワイトボードマーカーで書け，数字を見ながら計算機に入力できます。

【教材の使用方法】 授業内でスーパーマーケットを仮想で設定し，各商品に値引きシールを貼っておきます。子どもには買い物リスト表とお財布，買い物かごを渡し，できるだけ安く買えるものを選ぶように指示します。リストの中の類似商品で，750円の３割引きと700円の20％引き商品を用意しておき，値引き後の値段を調べなければいけない状況を作ります。割引がどのくらいあるか調べ，持ち手を持って左側に割引分だけ引きます。元の値段と残りのHP（ヒットポイント）を調べ小数を記入します。計算機を用いて値引き後の値段を調べます。類似商品も同様にして調べ，値段の安い方を購入します。全ての商品が正解ならば財布のお金がぴったり支払えるようになっています。間違っていると支払えないので再度確認させます。

【留意点】 はじめは税込み価格で練習します。「３割引きは×0.7」「30％引きは×0.7」などすぐに残りのHPがわかった子どもには電卓のみを使用させます。

（村野　史）

見た目に惑わされない☆巨大天秤

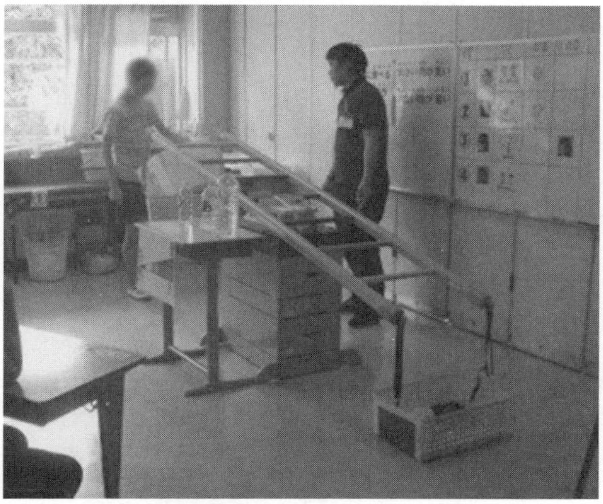

生活の中で学習内容を生かすことができるように，できる限り身近にある物と比較して，重りを選べるようにしたいと考えました。その際，一般的に市販されている天秤では器が小さく，身近にある物が比較できなかったので，①巧技台，②発泡スチロールブロック，③バンドを組み合わせて，大きな天秤を製作しました。また，重りには，小さくて重たい物（鉛），大きくて軽い物（大きな発泡スチロールの箱に綿を入れたもの）などを用意しました。

「見た目の重さに惑わされないこと」をねらいとして，本教材を作成しました。本学級には，見た目で重さを判断してしまう子どもが在籍していました。理由は，２つあると考えました。１つ目は，計量器で数値化した重さと，実際に体感する重さが結びついていないことが考えられました。つまり，数値を見て，数字上では重さを比較することができるものの，重い物や軽い物を持つ経験が少なく，重さと数値の関係の理解が不十分であることが考えられました。２つ目は，物（比重）によって大きさが一緒でも重さが変わるという複雑さがあることが考えられました。例えば，大きさが一緒（ペットボトルに入った水と砂）であれば「砂の方が重い」というように重さには複雑さがあります。このような子どもの実態や質量の複雑さから，視覚的な直感に頼って回答をしてしまうことが予想されました。

実際の授業では，一番重い鉛を選ばないと天秤が動かないように重さを調節し，見た目だけで発泡スチロールの箱，バケツ，鉛などでどれが一番重いかを予想し，それをもとに天秤の器に乗せるように伝えました。最初は，ほとんどの子どもが発泡スチロールの箱が一番重いと予想し，次にバケツ，鉛の順番で天秤に乗せる姿が見られました。しかし，天秤の動きは，子どもたちの予測とは異なり，驚きの表情を見せていました。学習を重ねるうちに，「大きくても軽い物がある。小さくても重い物がある」という言葉が，子どもから発せられるようになりました。

（山田　健太・沖　勝志）

時計の学習・マッチングカード

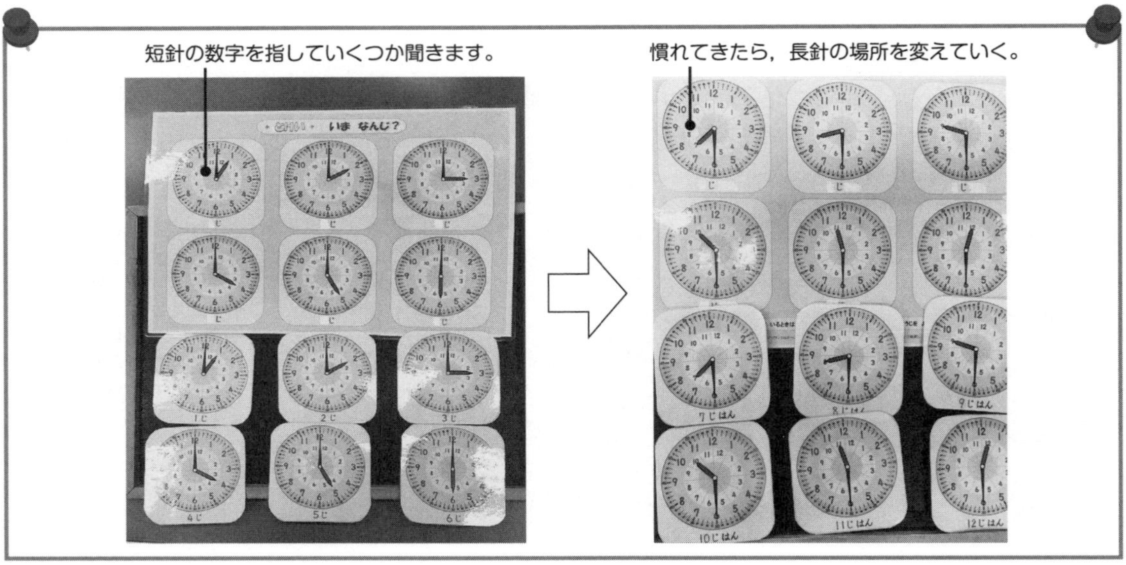

短針の数字を指していくつか聞きます。
慣れてきたら，長針の場所を変えていく。

【教材のねらい】 時計の学習を始めたばかりの時に用いる教材です。まずは短針の違いに着目して○時という時間の読み方を覚えていきます。数字の読みが苦手でもアナログ時計の針の位置を形で覚えられるようにしました。

【教材の工夫】 時計の針の読み方に慣れるため，まずは短針のみに着目できるように○時ちょうどの位置で時計カードを作りました。時計カードの裏に磁石を貼り，ホワイトボードを下に敷いて固定できるようにしました。

【教材の使用方法】 アナログ時計の模型を実際に動かして針の位置と時間の読み方を学んだ後，確認用としてこのマッチング教材を用います。時計カードを１枚渡し，台紙から同じ針の形をしている時計を探して重ねるようにカードを置くよう促します。長針の位置は変わらないが短針の位置が変わることに着目できるように，短針の位置の数字を指でさし，数字はいくつかを聞きます。「１」などと数字を答えたら，「そうだね」と答え，正答だと評価します。その後，これを１時，２時…と順番に行い，12時まで実施します。終わったら「２時はどれ？」と聞いて，正答を指さすように促します。

【留意点】 短針の読み方に慣れてきたら，次は長針の読みに挑戦します。○時15分，30分，45分といったように，きりのよい時間のマッチングカードを作っていくとよいです。

※時計のイラストは“ちびむすドリル”様のプリントを使用させていただきました。
https://happylilac.net/tokei.html#link1

（竹村　知恵）

大きな矢印
―準備運動―

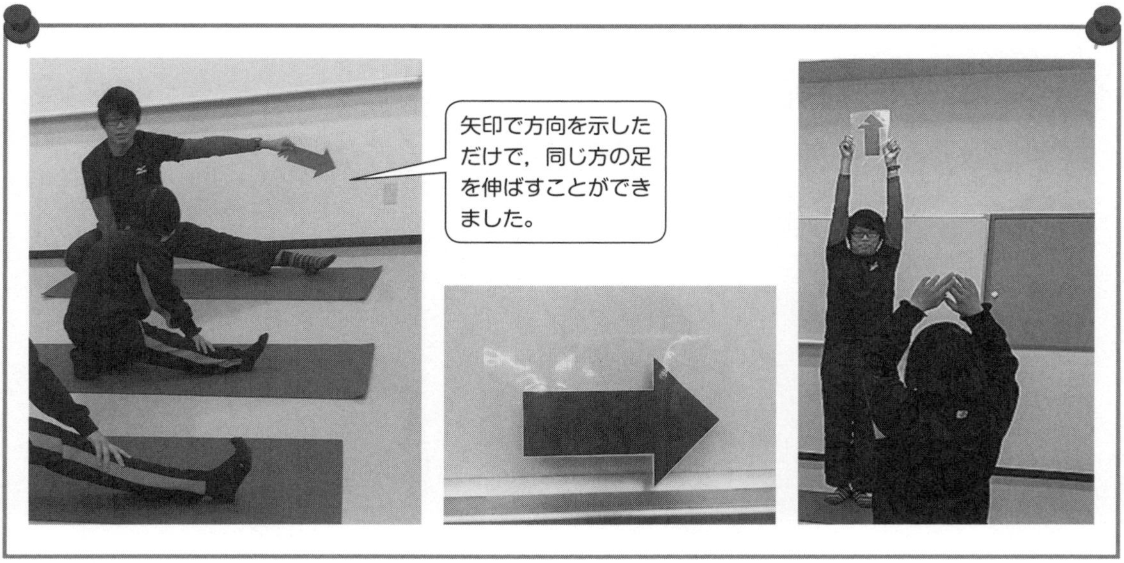

矢印で方向を示しただけで，同じ方の足を伸ばすことができました。

【教材のねらい】 準備運動などで，教師の動きと反対の動きをしたり，「なんとなく真似している」ようになってしまったりしている子どもの姿をよく見ます。補助の教師が後ろから身体を直接ガイドしたり，「反対だよ」と言葉かけをしたりして，動きを修正してしまうことはありませんか。この「大きな矢印」を使うことで，教師の動きを意識しやすくなり，自分で動きを修正できるようになります。

【教材の工夫】 ラミネート加工した大きな矢印で動きの方向を示します。赤い矢印ですと，視覚的にインパクトがあります。動きの方向が明らかになるだけでなく，動きの強弱も意識しやすくなります。

【教材の使用方法】 とても簡単です。動きを示範する時に，写真のように大きな矢印を持って，上下，左右が明確に意識できるように動きます。左右が逆に動いてしまう子どもには効果的です。また方向だけでなく，ゆっくり動く，大きく動くなど，動きの速度や強弱の違いを教師が大きく表現することで，子どもたちの動きが変わります。また，この矢印は準備運動以外でもいろいろな場面で使えます。カラーコーンに貼り付け走る方向を示したり，バスケットボールのバックボードに貼り付けてボールを当てる場所を示したりと，いろいろな場面で活用できます。

【留意点】 教材全般に言えることですが，ラミネート加工は光の方向によっては反射して見えにくいことがあります。見えにくい場合のために，ラミネート加工していないものも用意しておくとよいです。

（鈴木　敏成）

呼び鈴コーン
—キックベース—

子どもが慣れるまでは，手の平のイラストをつけ，手で押すことを強調しました。

テープの芯を間に挟むことで，固定しやすくなります。

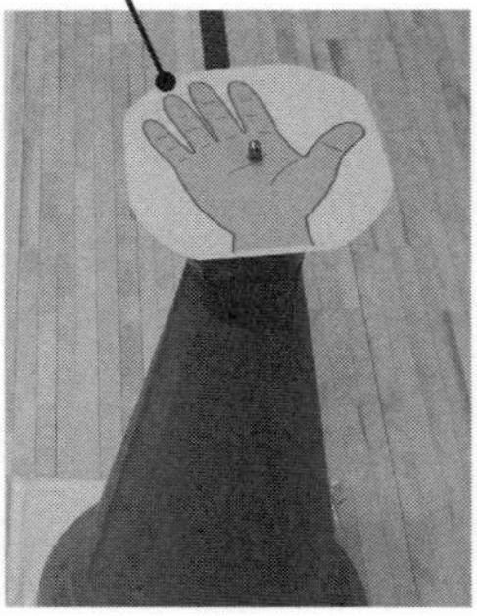

どの体育倉庫の中にもおそらくある三角コーンの上に呼び鈴を固定することで，使い勝手のよい教材になります。固定しやすくするために，使用済みのテープ類の芯等を呼び鈴の底面に固定してからコーンにかぶせ，作るようにします。

使用例としては，キックベース（ワンベースキック）では，１塁ベースの横に設置します。「呼び鈴を鳴らすこと」を「ベースを踏むこと」と同じというルールにします。（送球よりも早く鳴らすことができればセーフ。）

この「呼び鈴コーン」を使用することで，足元に注意がいかない子どもでも「足でベースを踏むこと」を「手で呼び鈴を鳴らすこと」に置き換えることができ，ゲームへの参加がしやすくなります。また，音が鳴ることで結果が理解しやすく，タッチして呼び鈴を鳴らすことへの意欲につながると考えています。そして，音を鳴らすことが自分の試技の終点となるため，活動の範囲がわかりやすくなったと感じました。

他の種目においても，活動の目安になるため，汎用性の高い教材です。50m走等，走り抜けることを意識させたい種目では，ゴールラインよりも５m先に設置します。「ラインまで走る」のではなく，「呼び鈴を鳴らすこと」がゴールというように指導することで，ゴールラインで止まってしまう子どもでも，呼び鈴を鳴らすためにゴールラインを走り抜けられるようになりました。

今後もさまざまな種目や活動に応用し，わかりやすい授業づくりを行っていきたいです。

（金野　拓郎）

ワニさんを跳び越そう
―ミニハードル走―

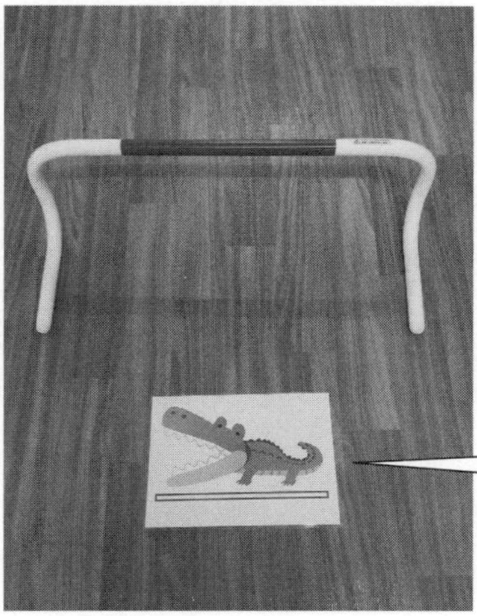

ミニハードルの前に，ワニのイラストを置きます。ワニに噛まれないように跳び越えます。

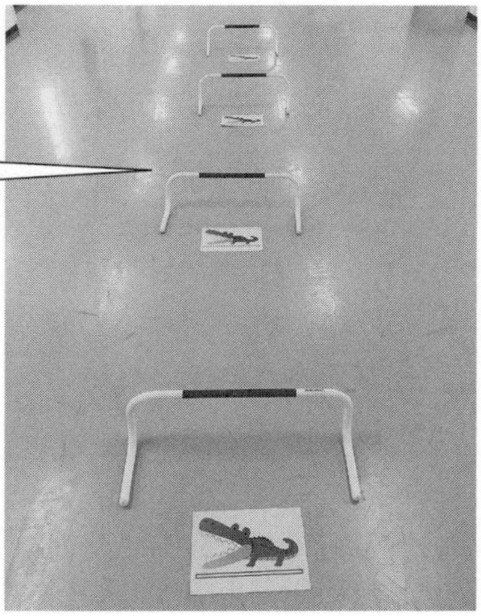

連続して跳び越えられるように並べます。ある程度台数を並べる方が，リズムよく跳べます。

【教材のねらい】 ハードル走の導入段階では，ハードルの直前で踏み切ってしまい，歩幅が詰まった走りになってしまいがちです。この教材では，ハードルの少し手前から踏み切り，歩幅を広げてハードルを跳び越えることができるようにします。

【教材の工夫】 ワニのイラストをラミネートしてミニハードルの前に置きます。イラストに線を入れると，踏み切る位置が明確になります。

【教材の使用方法】 導入段階では，ワニのイラストを跳び越えることから始めます。次にハードルのすぐ前に置き，跳び越えます。徐々にワニとハードルの位置を離していきます。跳び越えることが上手になってきたら，ハードルの台数を増やして，連続して跳び越えられるようにしていきます。ある程度スピードがついていた方が，滑らかな動きになります。ワニを踏まないように意識しすぎると，動きがぎこちなくなったり，ワニの手前で止まり準備動作を入れてしまったりして，連続した動きにならないことがあります。少しくらいは踏んでしまっても，連続して跳び越える方が滑らかな動きになります。

【留意点】 踏み切りが力強くできるようになってくると，イラストを踏んで滑ってしまうことがあります。そのようなときは，テープで留めるなどして，安全対策をしてください。また，ワニとハードルの間が離れてしまうと，ワニとハードルの間にワンステップ入れてしまうことがありますので，あまり離れすぎない程度に設置します。

（鈴木　敏成）

マット運動　大きな前転をしよう

ここにドットのシールを貼ります。

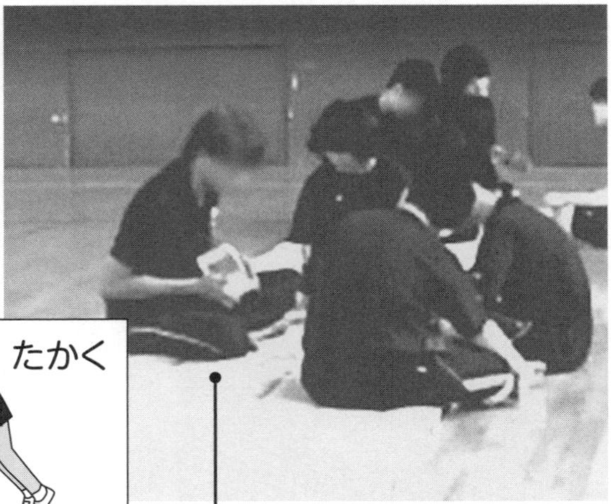

タブレット端末で動きを確認。

前転の正しい習得を目指したグループの教材活用例です。多くの子どもはなんとなく前転はできるものの，斜めに回っていたり，しゃがんだ姿勢からでんぐり返しをしていたりといった技能レベルでした。そこで「大きな前転」をすることをめあてに学習を進めました。「大きな前転」だけではどのような前転なのかわかりにくいので，具体的には「こしをたかく」した姿勢から前転に入ることを目指しました。腰を高くするということをイメージしやすいように，ラミネート加工したパネルで「こしをたかく」をイメージしたイラストとキーワードを提示し，前転の見本をする教師の腰の位置にはドットのシールを貼って，子どもが横から見て腰の位置が高くなっていることを視覚的に意識できるようにしました。

自分の動きをフィードバックするために，子どもも腰の位置にドットのシールを貼り，試技をしてその動きをタブレット端末で撮影しました。撮影した動画は４名程度の小グループをつくり子ども同士で見合い，腰が高くなっているか，スムーズに回れているかお互いに確認しました。動画を見合うことで，頑張っている友達を称賛したり，友達同士でアドバイスをしたり，自分の演技のよさに気づいたりと，小グループ内で対話的な学びに発展しました。

腰の位置に貼ったドットのシールがあることで，腰の位置の変化がわかりやすく，どの子どもも「腰を高く」した姿勢から前転に入ることができるようになり，目指した「大きな前転」ができるようになりました。

（鈴木　敏成）

フーフーしながら進もう!!

―水に慣れよう―

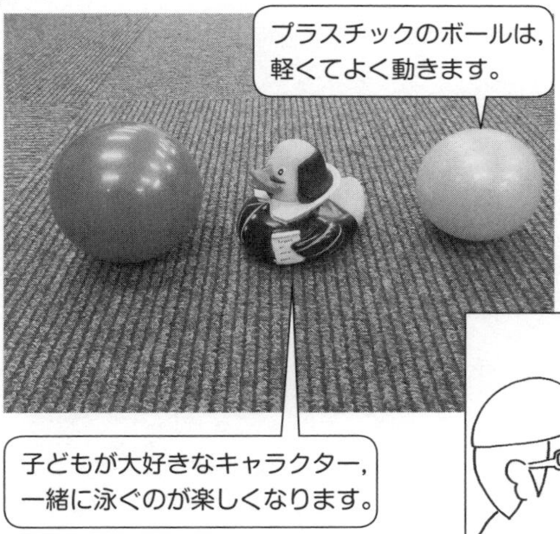
プラスチックのボールは，軽くてよく動きます。
子どもが大好きなキャラクター，一緒に泳ぐのが楽しくなります。

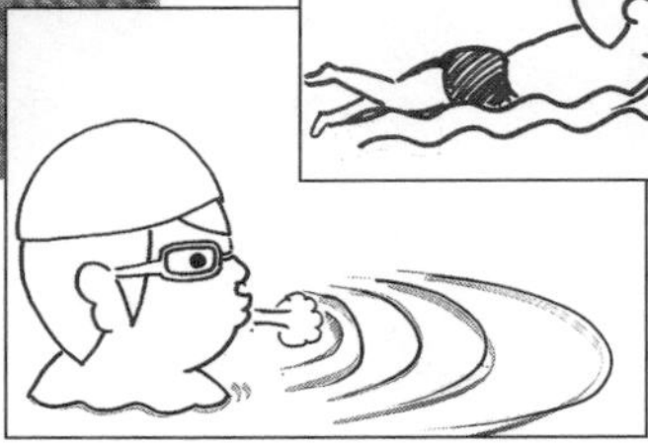

図1

図2

【教材のねらい】 水に顔をつけるのが難しい子どもが，水面で息を吹きながら顔に水がつけられるようにします。

【教材の工夫】 子どもの好きな水に浮くおもちゃやボールを用意します。子どもが息を吹いて進めることのできる程度の重さのものがよいです。写真のようなボールでしたら学校でも用意しやすいです。また，写真のアヒルのおもちゃは実際に授業で使っていますが，表情が面白く子どもたちが大好きなキャラクターで，大喜びして吹き進めています。

【教材の使用方法】 はじめは洗面器やバケツなどにおもちゃやボールを入れて吹いて，動かします。「フーフー」と息を吹きかけられるようになったら，次に小児用の浅いプールで使用します。浅いプールでワニ歩きをしながら，おもちゃやボールに息を吹きかけて動かします。プールの端からスタートし，反対側にゴールを設けて吹き進めてゴールに入れるような仕掛けがあると，楽しんで吹き進めます。スタート前には，水に向かって強く「フーフー」と息を吹く練習をします。水面が少しへこみ，波紋ができるように強く吹けるとよいです（図１）。大きいプールでは，２人で横長のビート板につかまり，ビート板の前におもちゃやボールを置きます。２人で息を吹きかけながら進みます。吹くことに熱中してくると，足のつかないプールでも足が自然と伸びてきます（図２）。

【留意点】 水に顔をつけることに慣れるのがねらいですので，恐怖心を与えないように段階的に指導を進めてください。

（鈴木　敏成）

45 体育

水泳　友達と上手なバタ足で泳ごう

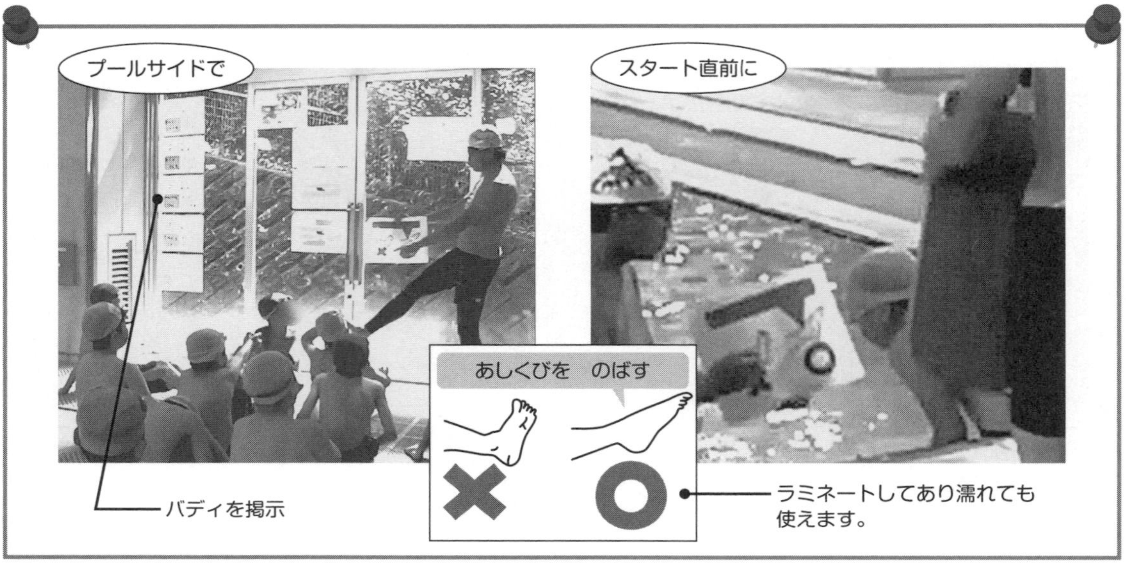
プールサイドで
スタート直前に
あしくびを　のばす
バディを掲示
ラミネートしてあり濡れても
使えます。

小学部高学年の水泳学習での教材活用例です。25mをクロールもしくはバタ足で泳ぎきることを目指した学習グループで，有効な推進力が得られるようにバタ足で「あしくびをのばす」ことをポイントに指導をしました。水泳では，プールサイドで事前に説明したことが水の中に入ると意識からはずれてしまいがちです。そこで，事前にプールサイドでラミネート加工したパネルを使用して説明したことを，泳ぐ直前にも確認してスタートするようにしました。プールサイドで確認し，泳ぐ直前にも確認したことで，「あしくびをのばす」ことを意識して泳げるようになり，多くの子どもたちが25mを泳ぎきれるようになりました。

また，この授業では「対話的な学び」の実現に向けた授業づくりの工夫として，バディで活動することを大切にしました。６年生と下級生でバディを組むことにより，子ども同士のよいかかわり合いが生まれます。バディは授業ごとに変更があるので，毎回パネルで提示し，子どもたちがパネルを見てバディを組めるようにしました。授業のはじめに掲示してあるパネルを見ることで，上級生が下級生に「こうするといいよ」とアドバイスをしたり，下級生は上級生の泳ぎを見て「僕もがんばろう！」と意欲を高めるなど，子ども同士の豊かな学び合いに発展しました。

ラミネートした教材は濡れても使えるので，水泳指導には最適です。室内プールでは濡らすだけでガラス面に付着しますので，掲示も簡単にできます。

（鈴木　敏成）

かんたんティーボール

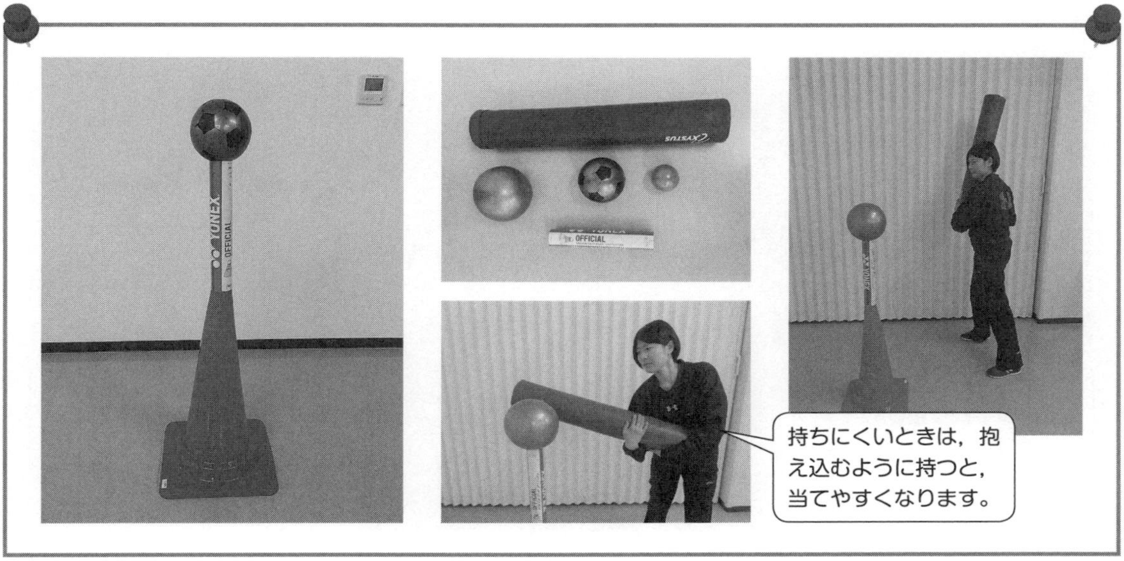

持ちにくいときは，抱え込むように持つと，当てやすくなります。

【教材のねらい】 ティーボールで，なかなかバットにボールを当てることのできない子どもが，思いっきりバットを振って，ボールを飛ばすことができるようになります。

【教材の工夫】 既存のティーボールのティーでは，サイズの大きなボールは乗らなかったり，ティーの部分を誤って打ってしまうと，手が痛くなってしまったりします。そこで，コーンとバドミントンのシャトルの入っている筒を使って簡易ティーを作ります。バットはストレッチポールを代用すると，大きくて軽く，持ちやすくてよく当たります。

【教材の使用方法】 写真のように，コーンの上にバドミントンのシャトルの筒を乗せます。筒の長さは子どもの身長に合わせて何種類か用意します。バットはストレッチポールを代用します。ストレッチポールは滑りにくく持ちやすい素材でできていますが，身体が小さかったり，力が弱かったりする場合は抱え込むように持つと，安定して当てやすくなります。ボールはぶつかっても痛くない100円ショップなどで売っているソフトなボールがよいです。３種類くらいの大きさを準備しておくと段階的な指導が可能です。ボールに当たらずティーの部分を打ってしまっても，ボールは前に転がりますので，失敗感が少なく，楽しめます。

【留意点】 ストレッチポールはあまり強い衝撃を加えると折れてしまうことがありますので，ある程度力を込めて打てるようになったら，プラスチックバットなど折れにくいものを使用してください。

（鈴木　敏成）

パスケットボール

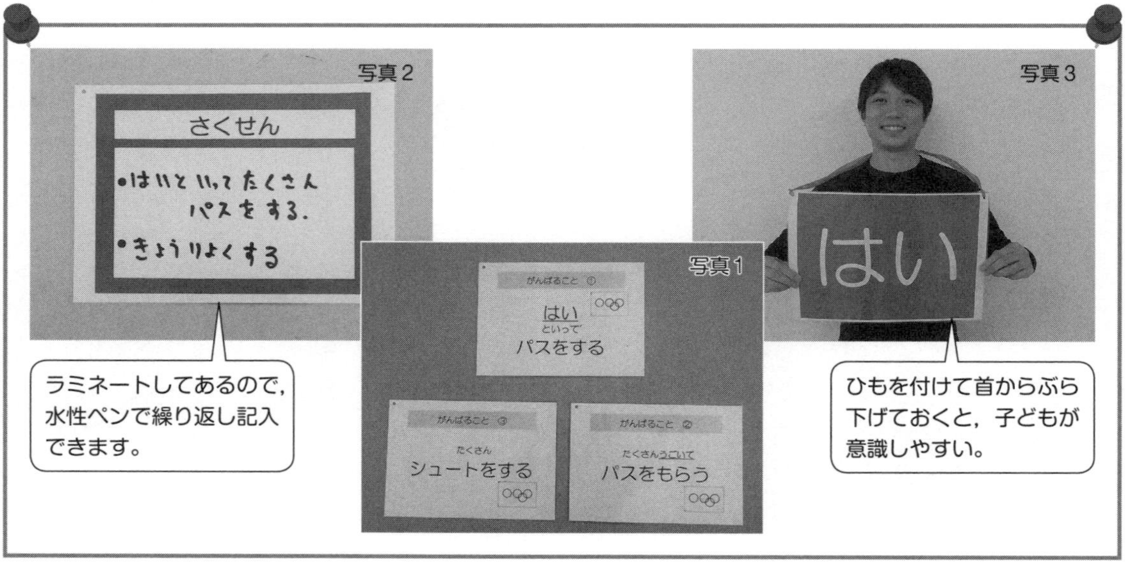
写真2
さくせん
・はいといってたくさんパスをする。
・きょうりょくする
ラミネートしてあるので，水性ペンで繰り返し記入できます。
写真1
がんばること ①
はい といって パスをする
がんばること ③
たくさん シュートをする
がんばること ②
たくさんうごいて パスをもらう
写真3
はい
ひもを付けて首からぶら下げておくと，子どもが意識しやすい。

【教材のねらい】 バスケットボールで，全員でパスをしながら，ゲームができるようにします。

【教材の工夫】 ルールですが，「パスケット」なので，パスでゲームが進みます。ドリブルは禁止です。ドリブルができないので，パスをしないとプレーが続きません。プレイヤーはバスケットボールと同じように3歩までは動けます。パスをするときには「はい」と言ってパスをすることを推奨します。「はい」と言うことを意識できるようにＡ３サイズのラミネートしたフリップボードを使用します。

【教材の使用方法】 練習のはじめには「はい」と言ってパスをしていても徐々に声が出なくなることがあります。声が小さくなったり，出なくなったりしてきたら「はい」と大きく書かれたフリップボードを見せます。ゲームでは，はじめに作戦会議をして「はい」と言ってパスをすることを確認します。作戦会議では，写真１のような，頑張ることを視覚的に意識できるようなフリップボードを用意するとよいです。また，写真２のような書き込めるボードがあると自分たちで作戦を立てやすくなります。審判をしている教師は常に「はい」のフリップボードを持って動き，「はい」の声が出なくなったら見せます。「はい」と言うと，明確にパスをする相手を見るようになりますし，パスをもらう相手も自分にパスが来ることを意識しやすくなります。

【留意点】 審判をしながら提示する場合は，写真３のように首からぶら下げると使いやすく，子どもたちも意識しやすくなります。

（鈴木　敏成）

いろいろな動き
―表現運動・ダンス―

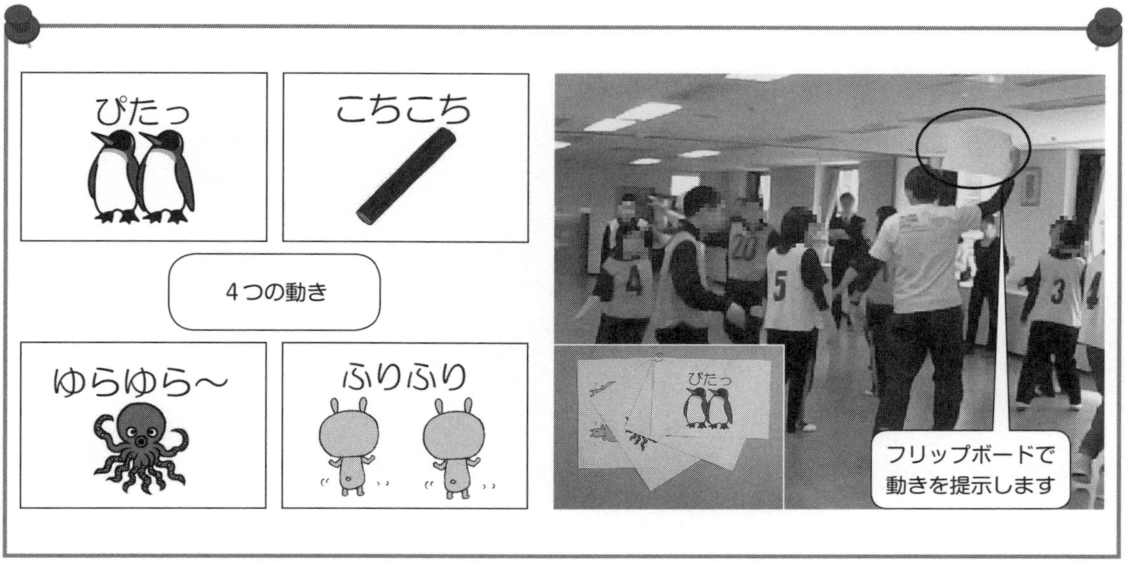

【教材のねらい】 表現運動やダンスで，動作の模倣が苦手な子どもが，簡単な曲に合わせて全身を大きく動かしたり，力を入れて止まったり，ゆらゆらしながら脱力したりできるようになります。

【教材の工夫】 ４つの動作を，イラストとイメージしやすい言葉のフリップボードで提示していきます。フリップボードはＡ３サイズの印刷物をラミネートしたもので簡単に作成できます。

【教材の使用方法】

「ぴたっ」 ペンギンが立っているイメージで「気をつけ」のような姿勢で立ちます。腕を下げ，顔を少し上げると，背中がピンと伸びたよい姿勢になります。

「こちこち」 棒になったイメージで両手を上に上げ，全身に力を入れて立ちます。止まっていることが難しい子どもでも，両手を上げた姿勢をとると止まりやすくなります。

「ゆらゆら」 タコのように全身の力を抜き，だらだらと動きます。力を入れることに比べて，力を抜いて動くことは難しいですが，繰り返しタコのイメージで動くと，なんとなくダラダラと動けるようになります。

「ふりふり」 腰を左右に大きく振ります。体幹部の筋肉を大きく動かすので，体が温まる動きです。

【留意点】 楽しく全身で表現できるように，教師も大きく楽しそうに動いてください。動作を模倣させると考えず，音楽に合わせて楽しくみんなで体を動かす感じで取り組んでください。

（鈴木　敏成）

手作り簡易竹刀

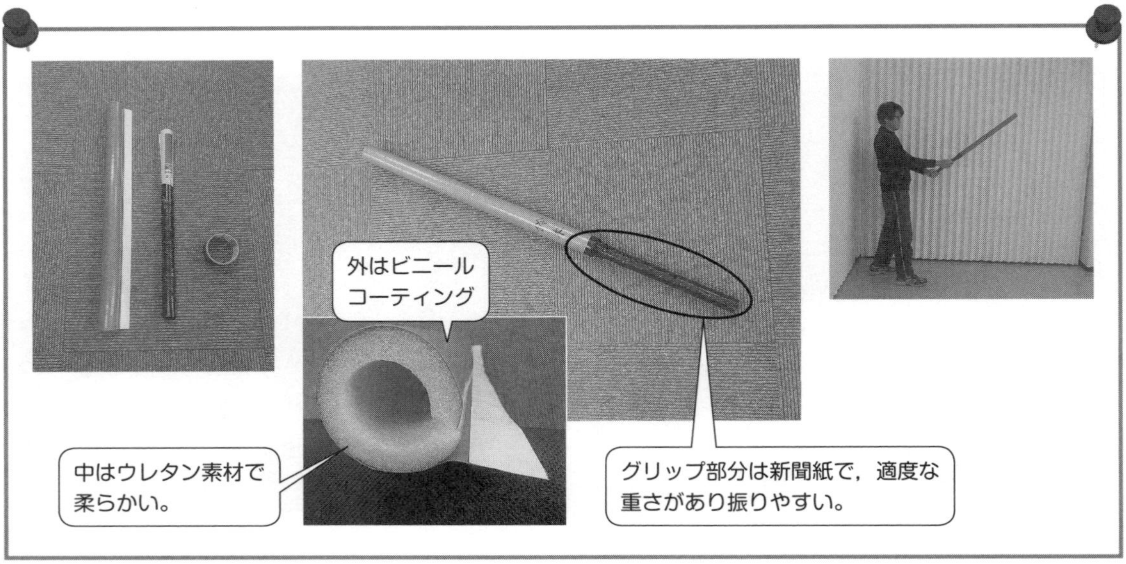
外はビニール
コーティング
中はウレタン素材で
柔らかい。
グリップ部分は新聞紙で，適度な
重さがあり振りやすい。

【教材のねらい】 剣道の授業で使用する竹刀の代替品を，安全性の高い素材を使い，安く簡単に作製します。

【教材の工夫】

〈準備するもの〉

・新聞紙　・布ガムテープ

・水道管などの保護チューブ

保護チューブは様々なものがありますが，この教材で使用しているのは，保温材の周りにビニールのコーティングがしてあるものです。コーティングがあることで，適度に強度と弾力性があります。また，両面テープも付いているので，簡単に貼り付けることができます。使用するサイズですが，内径が26mmという大きさのものを使用しています。この大きさですとグリップ部分の新聞紙の太さがちょうどよくなります。作り方は簡単です。新聞紙を丸めて棒状にします。グリップ部分は，布ガムテープで巻きます。あまりきれいに貼るよりは，適度に凹凸が残っている程度の方が滑り止めにもなり持ちやすいです。新聞紙の棒の $\frac{1}{3}$ 程度をチューブの中にはめ込み，両面テープで閉じ込んで完成です。

【教材の使用方法】 竹刀の代替品ですので，素振りなどの稽古に使用します。手元に適度な重みがあり，力の弱い子どもでも比較的振りやすいです。また教師が防具をつけることができれば打ち込み稽古でも使用できます。

【留意点】 あくまで簡易的なものです。さほど耐久性はないので，単元のはじめに各自が１本作製し，単元が終了したら廃棄する程度のサイクルで使用するとよいです。

（鈴木　敏成）

ゆうびんやさん

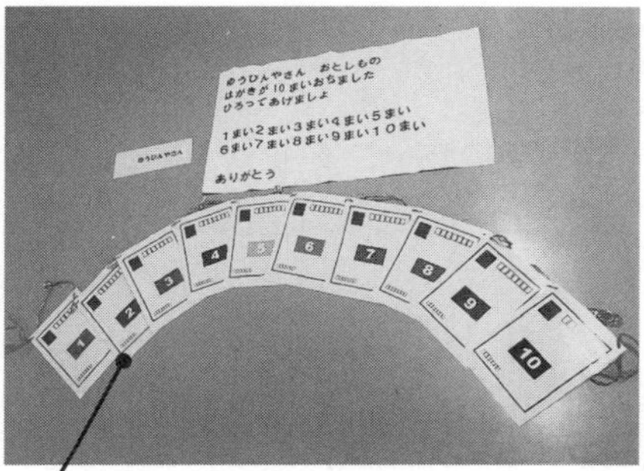

Ａ４サイズの用紙10枚をひもでつなげる。

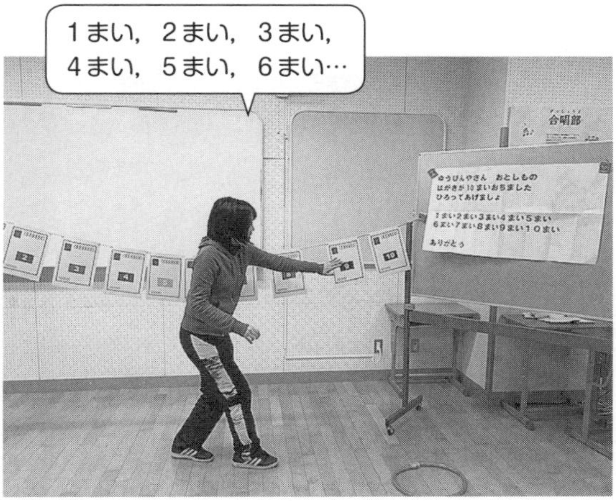

1まい，2まい，3まい，
4まい，5まい，6まい…

我が国に古くから伝わるわらべ歌には，「はないちもんめ」「あんたがたどこさ」「お寺の和尚さん」等，さまざまなあそびうたがあります。昔から歌い継がれているわらべ歌を，我々は大切に伝承していきたいものです。

今回紹介する「ゆうびんやさん」も古くから歌い継がれ，歌に合わせて数をかぞえながら縄跳びをして遊ぶ親しみやすい曲です。歌詞は，「ゆうびんやさん。おとしもの。はがきがじゅうまいおちました。ひろってあげましょ，１まい，２まい，３まい，４まい，５まい，６まい，７まい，８まい，９まい，10まいありがとう」と短く，音は主に２音（ソ，ラ）で構成され，リズムも単純で歌いやすいです。

【事前準備】 左端にマイクを設置し，そこから右方向にＡ４サイズに印刷した手作りのはがき10枚をひもでつなげ，並べて吊るしておきます。10番目のはがきの右端床面に輪っか等で立ち位置を明示します。

【使用方法】 ①曲の前半部はマイクで歌う。②中間部の数える部分では，拍を意識して１枚ずつはがきを触りながら歩く。③最後の「ありがとう」の歌詞でお辞儀をする。

【教材の工夫】 はがきを触ったとき音が鳴るように，ひもに大きめの鈴を10個程度つけました。はがきの下部に市販の鈴をつけたり，ひもを垂らし，握って振ったりできるようにする等の工夫をすると，より教材に興味をもちやすくなります。

前に出て操作する子どもの動きに合わせ，みんなで一緒に声をそろえて数えるなど，楽しい雰囲気で行ってほしいと思います。

（平　貴子）

ドレミファ　身体に合わせて

【教材のねらい】 音程の変化を，身体の動き，位置を通して学ぶことができます。音程を意識しながら発声をすることができます。

【教材の工夫】 カード（Ａ４程度の大きさ）一枚一枚にマグネットを付けておき，貼って提示できるようにしておきます。シンプルなイラストを使用し，手の位置などの要素をわかりやすく示します。

【教材の使用方法】 楽器演奏に取り組むとき，例えば，ドレミシールが貼ってある箇所を押したり，たたいたりすれば，曲に合った音を出すことができます。しかし，歌唱では自分の声の音程を意識して変えることができなければ，音程に合った声を出すことはできません。この教材を使うことで，音の高さ，低さのイメージをもてるように指導することができます。

教師が見せる見本は，大きな動作でわかりやすく提示します。

毎回授業のはじめに，準備運動としてこの教材を使って指導するのもよいです。

また，慣れてきたらカードをランダムに並べて取り組むことで，面白く，楽しく指導することができ，子どもも意欲をもって取り組みます。

他には，簡単な歌唱と合わせて，音程を指し棒で同時に示しながら歌うなどの活用方法もあります。

【留意点】 音楽は「楽しい」ことが大切なので，音程にこだわりすぎて，授業がつまらないものにならないようにしましょう。

（本城　梓）

52 音 楽

ドシラソファミレドで演奏しよう

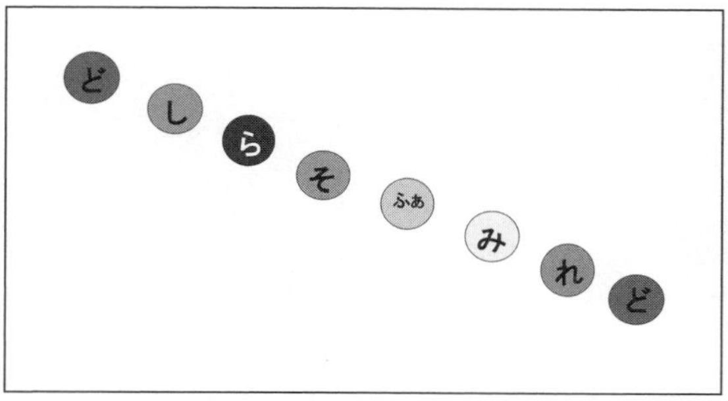

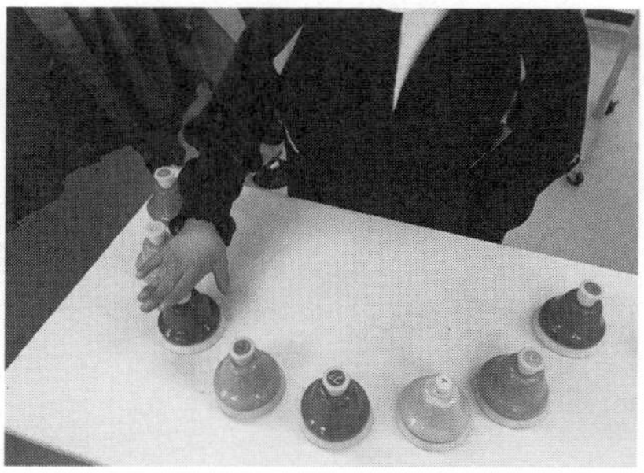

ド→赤　レ→オレンジ　ミ→黄色　ファ→緑　ソ→水色　ラ→青　シ→ピンクとハンドベルと楽譜の音階の色がそろえてある。

【教材のねらい】

高い音から，低い音に下がってきていること（下降音型）を感じながら，演奏できることをねらいとした教材です。楽譜は必要ありませんので，より音楽に浸りながら演奏することができます。曲は，「オズの魔法使」の劇中歌で有名な，『虹の彼方に』（ハロルド・アーレン作曲）を用いました。

【教材の工夫】

卓上ベルの色に合わせて作成した音符カードを用います。楽器は，卓上ベル，ハンドベル，トーンチャイム，キーボード，鉄琴などの音階楽器を扱います。楽器に色をつけてもいいですし，習熟度に合わせて色々な楽器で演奏してみてください。卓上ベル，ハンドベルなどバラバラになる楽器は，向かって右から左に，「ドシラソファミレド」の順番に並べましょう。

【教材の使用方法】

ホワイトボードに掲示したカードを指さしながら，下降音型を歌います。音の動きや階名に慣れてきたら，楽器に挑戦します。一度に全員の楽器が用意できないときは，待っている子どもは，音階を歌ってもよいです。

【留意点】

今回の実践では，「オズの魔法使」の劇中歌としても知られる『虹の彼方に』を扱いました。「ドシラソファミレド」の下降音型で演奏できる楽曲はほかにもたくさんあります。是非色々な楽曲に合わせて，様々なテンポ，リズムに変えるなどして，演奏してみてください。

（本城　梓）

動く色楽譜
―一人で演奏しよう―

【パワーポイントの編集画面】

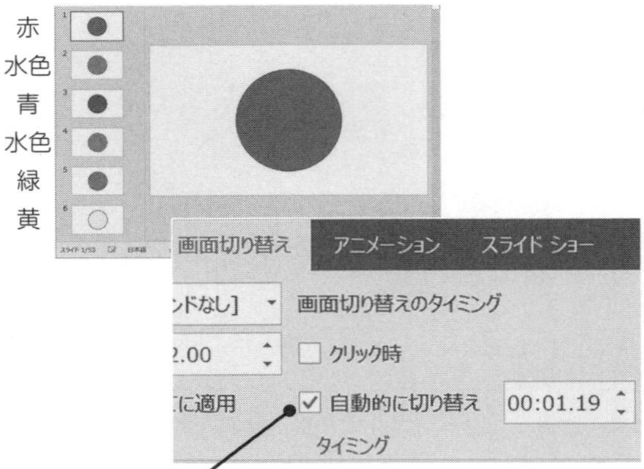

曲に合わせてスライドを自動的に切り替える時間を調整します。

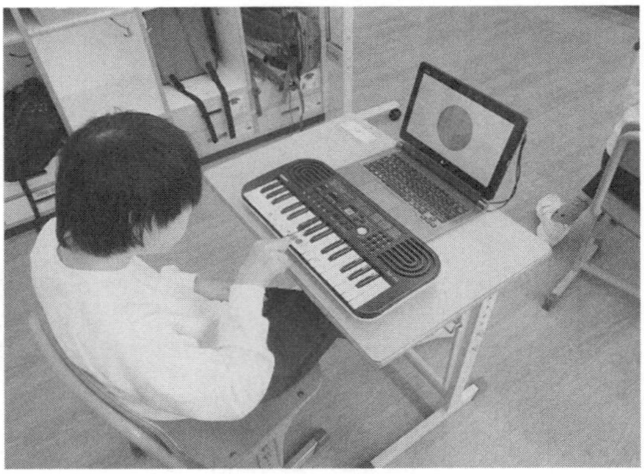

【子どもが色楽譜を見て演奏する様子】
自動で切り替わる色楽譜を見て，タイミングを合わせて演奏します。

❶はじめに

音楽の授業で楽器の演奏に取り組む際，音階ごとに色を割り当てた「色楽譜」をよく使用しています。子どもの実態によっては楽譜を見ながら演奏したり，音を出すタイミングを合わせたりすることが苦手であり，教師がそばで合図を出したり，楽譜を指し示したりするなど，直接的な支援が必要なことがあります。そこで，子どもが一人で演奏に取り組み，達成感を味わうことができるよう，パワーポイントで「動く色楽譜」を作成しました。

まず，曲の音階ごとにスライドを作り，「画面切り替え」のタブから「自動的に切り替え」にチェックを入れます。次に，弾くタイミングで色楽譜が表示されるように，曲に合わせてスライドを切り替える時間を調整します。

子どもが演奏する際には，使用する楽器や姿勢などに合わせて，見やすい位置にパソコンやタブレット端末を設置します。

❷教材の効果

本教材を取り入れたことで，教師が近くで支援を行わなくても色楽譜を手がかりにして出す音やタイミングを理解し，一人で演奏することができるようになりました。また，以前は演奏する曲が新しくなるたびに不安な表情を浮かべる子どもがいましたが，本教材があることで，曲が変わっても意欲的に取り組むようになりました。

❸おわりに

本教材は，比較的簡単に作成することができ，色楽譜を音階に変えたり，スライドに曲を埋め込んだりするなどの応用も可能です。

（湊　文彦）

同じ色のハンドベルを鳴らそう
―ドレミのうた―

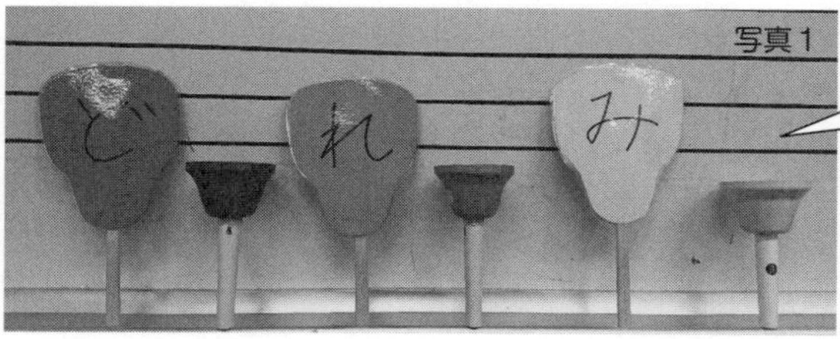

ペープサートは，大きすぎたり重すぎたりすると扱いにくいです。ハンドベルの規格によって「し」の色がピンクの場合があるので，ハンドベルに合わせて作るのが望ましいです。

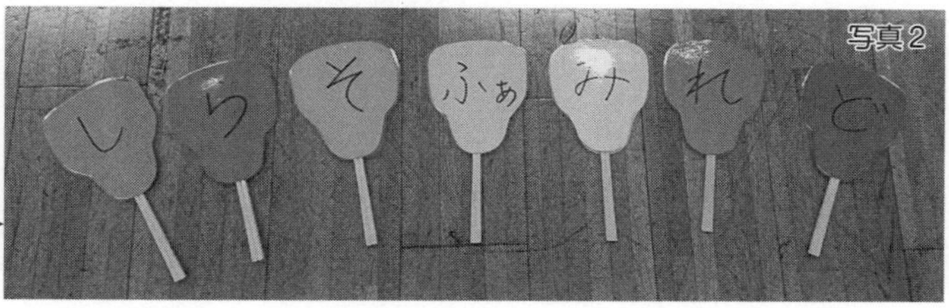

音階は子どもの持った楽器と対面になるように並べます。子どもがペープサートを見るように，言葉かけで視線誘導をしながら提示をします。

【目的】 ペープサートと同じ色のハンドベルを鳴らすことで，「ドレミのうた」の演奏が容易にできることを目的とした教材アイデアです。

【対象】 知的障害教育部門小学部の子どもを対象として活用しています。

【特徴】 ハンドベルの音階の色と同じ色のペープサートを作りました（写真１）。形もハンドベルと同じにして，子どもにもわかりやすいようにしています。どちらから見ても音階が見えるように，ラミネートした紙と紙の間に棒（割りばしなど）を挟み，両面テープでしっかり貼り合わせてあります。

【材料】 色画用紙，ラミネートフィルムとラミネーター，割りばしなどの板状の棒，両面テープ

【活動方法】 ステップ①一人一個ずつハンドベルを持ち，音階の順番（ドレミファソラシド）に並びます。子どもと対面の位置でペープサートを振り，同じ色のハンドベルを鳴らすように言葉かけで誘導します。ステップ②「ドレミのうた」の音源に合わせた演奏に移行します。ペープサートを音階順に並べ（写真２），教師はペープサートを両手で扱いながら，歌詞に合わせた音の提示を素早くします。ハンドベルを何組か使用することで大人数での合奏が可能になります。

【留意点】 大人数で合奏する場合は，同じ音同士で集まって並ばせた方が誘導しやすいです。また，演奏しないときは，ハンドベルを胸に当てて，音を鳴らさないルールを示すこともポイントになります。

（吉田　輝世）

リズム譜を作ろう
―音符や休符を組み合わせて作るリズム学習―

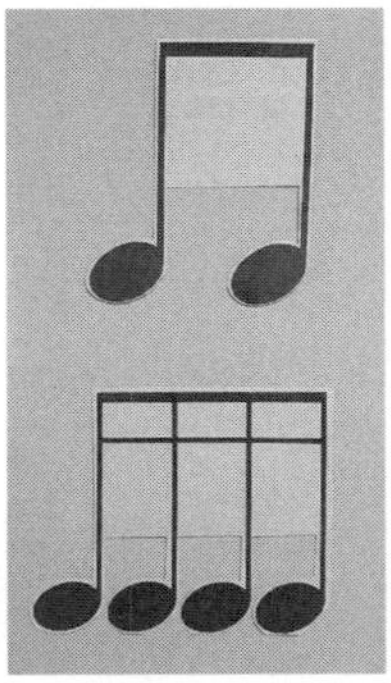

写真１

写真２

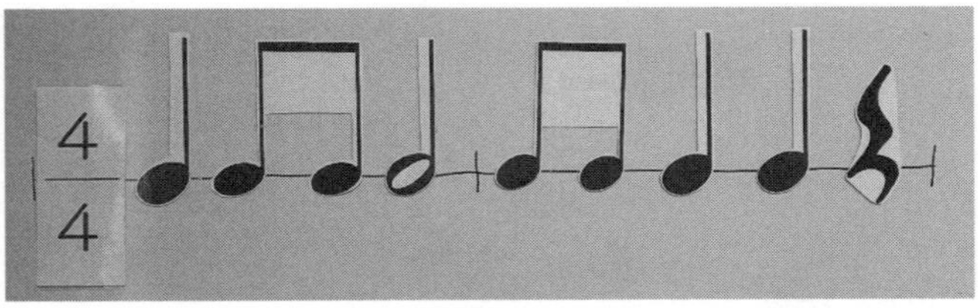

写真３

はじめは何拍分かの音符を提示し赤枠に入る音符を選択してリズム譜を完成できるようにしました。

【目的】 基礎的な音符や休符の長さを学習しながら，組み合わせてリズム譜を作ったり，リズム打ちをしたりする活動を目的とした教材アイデアです。

【対象】 知的障害教育部門高等部の中・軽度の子どもを対象として活用しています。

【特徴】 音符や休符を選択したり，並べたりしながら，ホワイトボードで容易にリズム譜を作ることができます。８分音符や16分音符は１拍の長さで提示しました（写真１）。繰り返しの活用や貼る活動がしやすいように，ラミネートフィルムでコーティングして強度をつけました。

【材料】 音符・休符を印刷した用紙，ラミネートフィルムとラミネーター，マグネットシート

【活動方法】 ステップ①リズム打ちの活動を通して音符や休符の長さを学習します。４分音符と４分休符だけで作った２小節の簡単なリズム打ちからスタートし，少しずつ８分音符を入れたり，小節を長くしたりしていきます（写真２）。ステップ②リズム作りの学習をします。決められた拍子（３拍子，４拍子）の長さになるように，１小節の中に音符や休符を組み合わせて貼っていく活動です（写真３）。１人１小節を担当し，４人で４小節のリズム譜作りから始め，最終的には全員が４小節のリズム譜を作れるようにします。

【留意点】 子どもが音符や休符の選択で迷っているときは，「あと２拍だよ」などの言葉をかけ，難しさを感じさせないようにすることがポイントになります。

（吉田　輝世）

56 音楽

カップリズム

カップをたたいたり，手拍子を入れたりしてリズムを鳴らします。音楽にのせて，カップを交換！「はい，どーぞ！」

身近にある，プラスチックカップを使って，簡単にリズム演奏が楽しめる教材を紹介します。ペアでゆっくりコミュニケーションをとりながら行うのもいいですし，大きな集団で，皆で円になり行っても面白いです。

【教材の使用方法】

ステップ1

２×８のリズムを決め，覚えましょう。手拍子，カップを机に置く音，カップの上をたたく音を入れると，音の変化があって面白いです。難しくする必要はありません。最後は，「はい，どうぞ」と友達とカップを交換する動きを入れます。

ステップ2

ペアワークにして，「はい，どうぞ」の部分で，友達とカップを交換し合います。渡したカップがどちらかわからなくなってしまう時は，画用紙や板を置いて，どこに渡すのかわかるようにします。

ステップ3

ペアで上手にカップの受け渡しができるようになってきたら，人数を増やしていきましょう。子どもの実態によって，使う楽曲を変えてみてください。アカペラに，カップリズムを入れるのもとてもかっこいいです。

【ポイント】

正しくリズムをたたけるようになることをねらいにするのではなく，音楽にのせて友達とカップを交換したり鳴らしたりすることで生まれる，一体感を楽しめるように指導してみてください。

（本城　梓）

主旋律を意識して合唱しよう

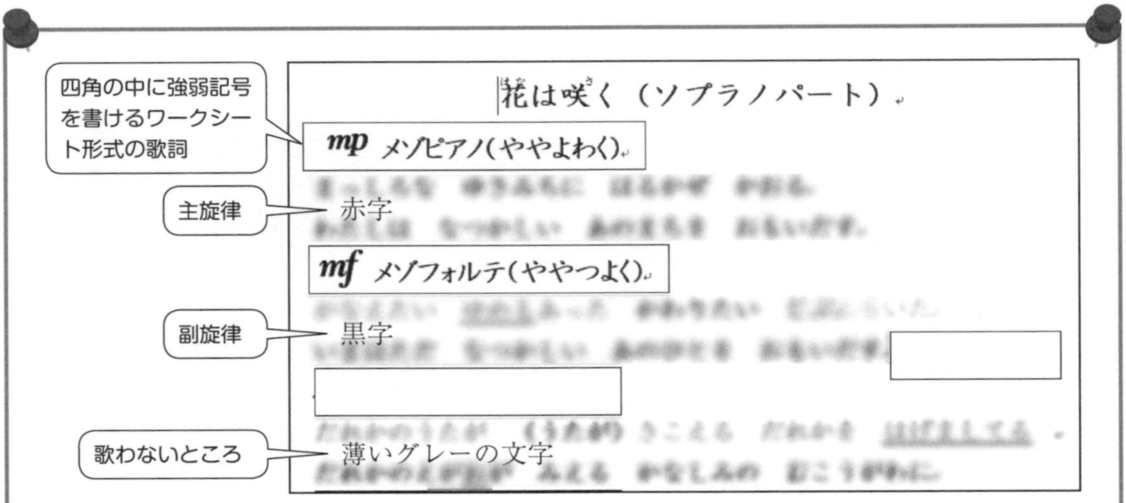

写真1

【目的】 二部合唱や三部合唱などで主旋律・副旋律，強弱記号を意識しながら合唱できるようになります。

【対象】 知的障害教育部門高等部の軽度の子どもを対象として活用しています。

【特徴】 合唱曲の各パートの歌詞の中で，どの歌詞が主旋律（メロディ）になるのかを赤字で示してあります。赤字は主旋律，黒字は副旋律，薄いグレーは歌わない歌詞です。四角の中には，強弱記号などを記入できるようにしました（写真1）。

【準備するもの】 パソコン，プリンター

【活動方法】 本単元では「花は咲く」（岩井俊二作詞・菅野よう子作曲）の三部合唱を題材にしています。

ステップ①「花は咲く」の合唱曲を聴き，自分の声質に合ったパートを子ども自身が選択して決めます。各パートの音程やリズムを正確に習得できるよう，パート別に教室を分かれ教科書を使用して練習をしました。

ステップ② ソプラノパートとアルトパート，アルトパートとテノールパート等，二部合唱での練習から始め，歌い出しや旋律の違いを確認しながら，三部合唱に移行していきます。写真1の教材を使用して，各パートの主旋律（メロディ）を引き立てるような歌い方や強弱のつけ方を学習します。主旋律を意識して，副旋律で声の大きさを小さくしたりするなど，声の大きさや強弱を意識しながら合唱できるようにします。

【留意点】 強弱記号が記入できるよう，横書きで歌詞を提示しています。

（吉田　輝世）

iMovie を使って合奏しよう

—iMovie を活用した「ジングルベル」の合奏— (Apple)

①前奏：ミュージックベル（C（ド）・F（ファ）・A（ラ））

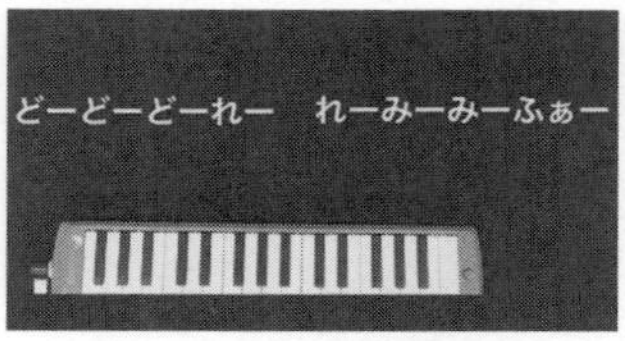

②メロディA：鍵盤ハーモニカ

③メロディB：ミュージックベル（C（ド）・F（ファ）・A（ラ））

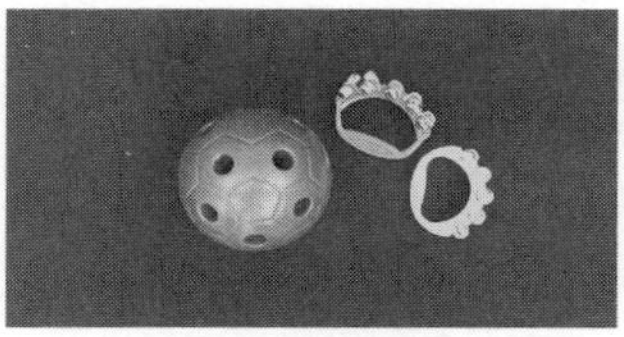

④メロディC：鈴ボール・鈴

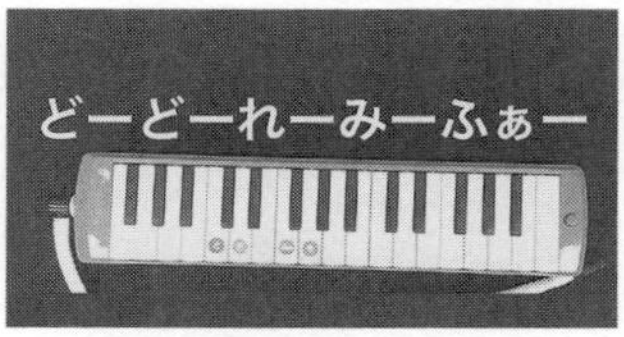

⑤後奏：鍵盤ハーモニカ

音楽に合わせて５枚の映像が繰り返し提示されます。
音楽を聴きながら，自分が演奏する楽器やタイミングが視覚的に理解しやすくなります。
演奏順：①②③④③④⑤

❶合奏における課題

音楽で合奏を行うとき，リズムやメロディ自体は理解していても，音を出すタイミングに迷う子どもがいます。また，教師の支援が過度になる場合や休符の間に集中が途切れることがあります。

❷ iMovie とは

映像と音楽を一体化でき，視覚支援ツールとなるアプリです。音楽と同時に楽器の写真や子どもの顔写真が映し出されるので，画面を見ながら自分のパートを演奏することができます。

❸音楽的工夫

１．鍵盤ハーモニカが演奏しやすい，ヘ長調にした。２．ミュージックベルは単調にならないよう，四分音符と八分音符のリズムを組み合わせた。３．障害の重い子どもも自ら音を出したくなる楽器を選定した。

❹子どもの反応

ST として支援している教師の理解も深まり，教師が手をとり楽器を鳴らしていた子どもも，自分の顔や担当の楽器の写真が出てくる画面を見ながら，自分から音を出すことができるようになりました。

❺展開と結果

メロディのつなぎ目の部分に滞空時間を設けることで画面注視を促し，次第に視覚情報を少なくすることで，最終的には画面を見ず，音源のみを聴きながら自分の出番を最小限の支援で合奏できるようになりました。

（川井　直子）

リコーダーに挑戦！

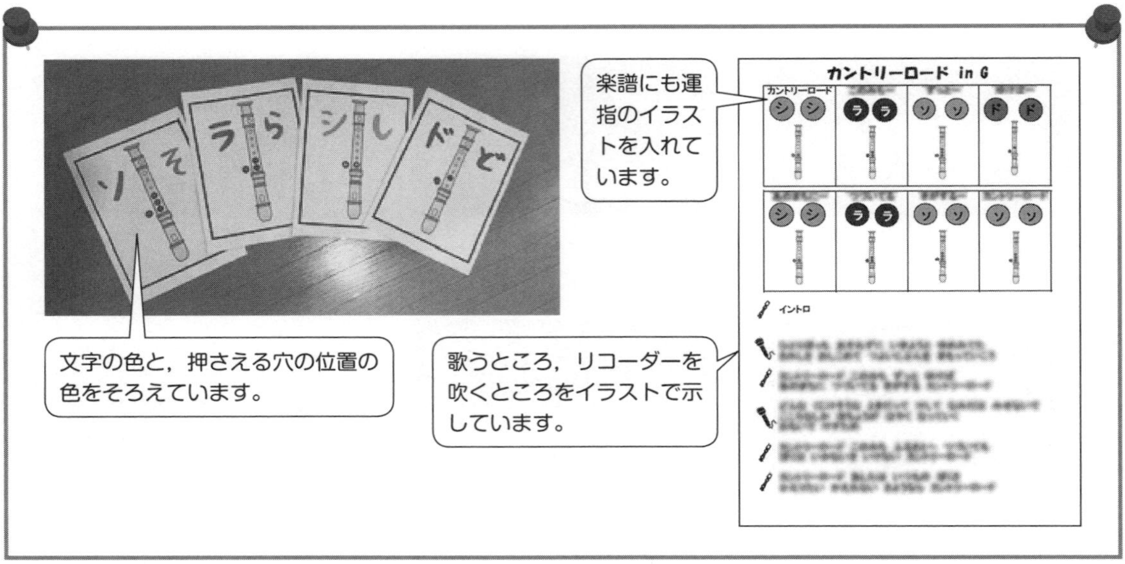

ソ そ
ラ ら
シ し
ド ど
楽譜にも運指のイラストを入れています。
カントリーロード in G
文字の色と，押さえる穴の位置の色をそろえています。
歌うところ，リコーダーを吹くところをイラストで示しています。
イントロ

【教材のねらい】 初めてリコーダーに取り組む子どもが，抵抗感なく取り組めるように工夫しました。子どもたちにも親しみのある，「カントリー・ロード」（作詞・作曲：Bill Danoff, Taffy Nivert, John Denver／日本語訳詞：鈴木麻実子）を「ソラシド」の音のみで演奏した実践紹介です。

【教材の工夫】 運指のカードは色をつけ，視覚的に理解しやすいものにしました。楽譜にも，運指表を入れ，個人で練習するときも，指づかいがわかるようにしました。リコーダーの裏側を押さえることが難しい場合は，裏側の穴にあらかじめテープを貼っておくと，表側の穴のみに意識を集中させられるので，効果的です。

【教材の使用方法】 運指カードを提示しながら，指練習をします。「ソ」は４つの穴を塞がなくてはいけないのに加え，息が強いときれいに音が出ないので一番難しいです。比較的音が出やすい，「シ」から挑戦するのがおすすめです。

【留意点】 リコーダーは，息づかいが難しい楽器です。一生懸命吹こうとして息が強くなってしまうと，よい音が出なくなってしまうので，「弱く」吹くように伝えてください。全員がきちんと音が出ていなくても，集団で演奏すると意外と音がまとまります。そのため，完全な音を出せることに重きを置くのではなく，楽曲の中でリコーダーを演奏していることを楽しめるよう，伴奏と一緒にたくさん演奏してください。

（本城　梓）

くるくる回転台
―回して描こう―

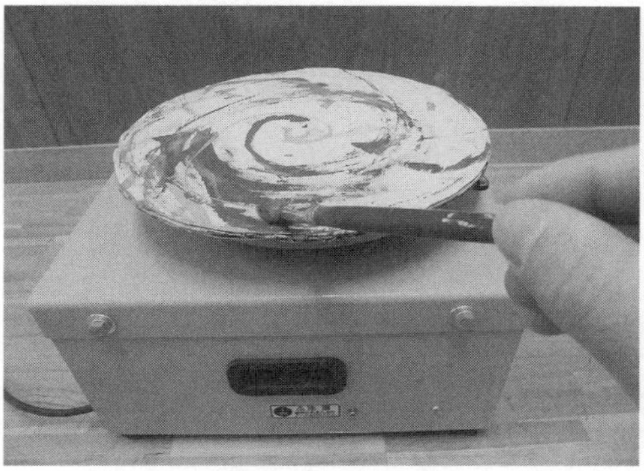

【卓上電動ろくろバージョン】
段ボール板を丸く切り，その上に「きれいにはがせる両面テープ」で画用紙（丸く切る）を固定します。

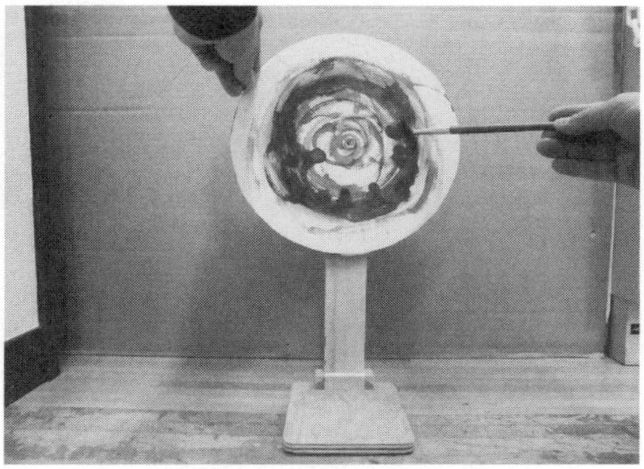

【手動式風車バージョン】
木材に穴をあけ，ボルト・ナットで留めました。（回転するように緩く締めています。）

❶はじめに

図工の授業で，「筆」「絵の具」を用いた「自由画」に取り組んだ際，描くことが難しく，すぐ筆を置いてしまう重度重複学級の子どもに対して「少しでも長く筆を持っていることができないか」と考えました。

ここでのポイントは，筆を握って，電動ろくろにかざしてさえいれば，自分で筆を動かさなくても自然と模様がつくところです。

また，図工の授業は学年全体・共通のテーマで行っていたため，対象児に比べると認識力も高く，「描く」意欲のある普通学級の子どもに対しての課題設定も必要になってきます。

そのような子どもに対しては，「電動ろくろバージョン」ではなく，自分で土台を回転させて描く「手動式風車バージョン」の教材を用意しました。 同じ「回転絵」であっても，子どもの実態（課題）に応じて２段階用意したのです。

❷実際の様子

電動ろくろの回転に対してずっと筆をあてがっていることは難しく，断片的に筆をかざしていました。時には回転軸の中心に筆が引っ張り込まれていったり，逆に回転に跳ね返されて筆が枠外に出てしまったりもしましたが，それでも模様はつき，子どもが実際に取り組んだ「軌跡」が表現できました。

❸おわりに

教材を工夫したことにより，「子どもが教師に手をとられ一緒に描く」という姿はなくなり，子ども自身で「描く」ことができました。

（大高　正樹）

ロボットで絵を描こう

ロボットを使った造形遊び

球体ロボット「Sphero」

線や形の面白さを発見

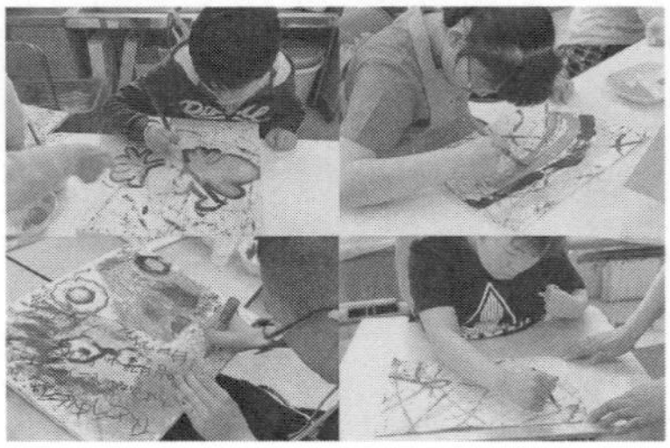

それぞれのストーリーをキャンバスに

文化祭の講堂展示の様子

【教材のねらい】 球体ロボット Sphero を使って集団での造形遊びを楽しみます。偶然できた線や形の面白さに気づき，その上に自分のストーリーを描き込みます。

【教材の工夫】 iPad で遠隔操作できるロボットを用い，車椅子の子ども同士でも共同で造形遊びができます。８号キャンバスを子ども１人に２枚用意し，それを組み合わせ，絵を描く大きなステージを作ります。

【教材の使用方法】 ２時間続きの授業を計４回行いました。はじめの２時間はロボットを使った造形遊びで，絵の具をつけた Sphero を iPad を使って操作して，キャンバスに色をつけました。点数の的を用意し，ゲーム感覚で楽しく活動できるようにします。出来上がった絵を一枚一枚のキャンバスにばらし，それを見比べてどの模様や形が面白いか鑑賞します。そして１枚選んで，その上に絵を描き足します。何が見えるのか，教師はコミュニケーションをよくとりながら子どもの考えを引き出すようにします。描く段階では色が汚く混ざらない描き方を教えながら根気強く塗り重ねさせるように指導します。

【留意点】 通常何もないところから絵を描かせると，どうしてもこぢんまりと描いたり説明的に描いたりしがちです。ロボットを使った造形遊びを通して，子どもたちに「気づき」を与え，大胆な構図で色々な色を使った表現を行わせることができます。子どもたちの見方や考え方を広げることに留意して取り組むことが大切です。

（内田　考洋）

富士山の絵を描こう
―パステル・タブレット端末―

【教材のねらい】⑴移動教室の行き先である富士山の描画に取り組み，見通しやイメージを高める。⑵指を用いて色を重ねて描き込む制作過程を大切にする。⑶作品をタブレット端末で撮影し，映像として編集して舞台発表等で効果的に活用できるようにする。

【教材の工夫・使用方法】⑴制作前に富士山の動画を視聴し，富士山が季節や時間，場所によって様々な色や表情に変わることへのイメージを広げる。⑵パステルを用い，凹凸のあるパステル紙に描くようにする。いろいろな色を重ねて指でたくさん塗り込むようにする。⑶あらかじめパステル紙の裏側に富士山の輪郭を描いておく。⑷パステルによる描画の際にはハサミを準備し，パステルを削って粉状にしながら指で描くと塗り込みがしやすい。パステルで描いたり指で描いたりと，描き方も工夫して取り組めるとよい。⑸描き終わったらパステルフィキサチーフを全面にスプレーし，パステルを定着させる。⑹裏側の輪郭に沿って富士山の形に切り取る。⑺背景となる台紙の色を選び，貼り付ける。⑻作品をタブレット端末で撮影する。⑼写真をKeynoteに取り込み，アニメーション・トランジション等を適宜工夫し，映像として書き出す。⑽プロジェクタを接続し，舞台の背景等として投影する。

【留意点】・ハサミは刃を広げて使用するため，教師が扱ってもよい。・Keynoteのスライドサイズを正方形にしてから映像に書き出しClipsに取り込むと，さらにエフェクトやBGMの効果的な挿入が可能になる。

(海老沢　穣)

ぞうのエルマーの世界をつくろう

共同作品「ぞうのエルマー」

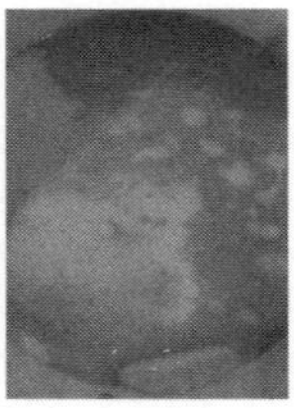
こんにゃく粉絵の具

参考　内田考洋著
『子どもたちの創造を豊かにするアイデア集』
Apple Books

全身でのぬたくり

トイレットペーパー粘土

【教材のねらい】 子どもたちが様々な素材を受け入れ，積極的に手や目を使って対象に働きかけることができるようにします。

【教材の工夫】 こんにゃく粉をぬるま湯で溶き，皮膚に過敏のある子どもも触りやすくします。トイレットペーパー粘土づくりでは勢いよくペーパーを引き出す活動，落ち着いて練る活動とメリハリをつけます。

【教材の使用方法】 授業では『ぞうのエルマー』（作：デビッド・マッキー）の絵本を題材に展開しました。はじめに絵本の読み聞かせ，絵本の世界を子どもたちに意識づけます。その後，一回の授業で一つの感触教材（小麦粉絵の具，こんにゃく粉絵の具）を用いることにします。素材は子どもたちが受け入れやすいように温度などには注意をします。また激しく活動させたい時はテンポの速い曲を，ゆっくりと感触を味わってほしい時にはゆったりとした曲を流すなどして展開にメリハリをつけ，子どもたちが意識を向けやすいようにします。素材を受け入れて積極的に活動したことが，その描いた表面に軌跡となって残るため，それを木製の丈夫な骨組みの表面にコラージュする形で大型の共同作品を仕上げました。できた象の立体物は，その後子どもたちが乗って遊べるように仕上げました。自分たちの活動でできた象に乗ったり触ったりすることでも作品を感じることができ，より主体的に活動に参加できました。

【留意点】 過敏のある子どもも多いため，無理のないように素材に出会わせます。

（内田　考洋）

国語　算数・数学　体育　音楽　図工・美術　日常生活　自立活動　SST　ICT

AR アートにチャレンジ

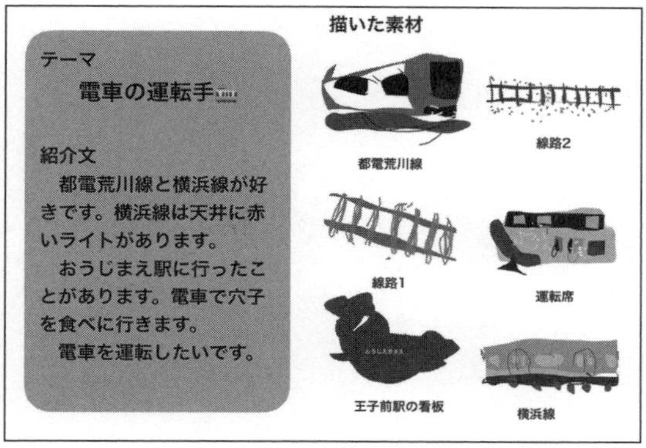
描いた素材
テーマ
電車の運転手
紹介文
都電荒川線と横浜線が好きです。横浜線は天井に赤いライトがあります。
おうじまえ駅に行ったことがあります。電車で穴子を食べに行きます。
電車を運転したいです。
都電荒川線
線路2
線路1
運転席
王子前駅の看板
横浜線

アプリ Keynote で描いた素材

アプリ WonderDoor による AR 体験

子どもの作品「都電荒川線の車掌さん」

【教材のねらい】 AR（拡張現実）について体験し，新しい表現の可能性について学びます。

【教材の工夫】 AR の体験では WonderDoor というアプリを用いました。作品中に登場する絵は Keynote の描画機能で描き，AR Makr というアプリで空間に配置しました。

【教材の使用方法】 はじめに AR の体験をします。教室を飛び出し，学校の敷地内に大きな恐竜や象を歩かせたり，きれいな桜の木を花壇に生やしたり AR の世界を体験します。

作品では，テーマを「自分だけの世界」として，やってみたいことや見てみたい世界についてアイデアを考えます。描く段階では Keynote の描画機能を用います。自分が表したい世界に必要な素材を一つ一つ意味を込めて描きます。ある子どもは好きな電車や駅，運転席の機械を描き，自分がそこで車掌になるというテーマで表現しました。ある子どもは気球や雲などを描き，空を飛んでみたいという夢を表現しました。実際の撮影では，電車の車掌になる作品はスクールバスのバスデッキで，気球に乗って空を飛ぶ作品では見晴らしのよい土手で撮るなど，作品のよさが最大限発揮できる場所を選びました。写真だけでなく動画も撮影したため，子どもたちはそれぞれの描いた作品の中で思い思いの演技をして楽しみながら撮影することができました。

【留意点】 AR を通して新しい技術で，普段は考えなかったことや着目しなかった空間へも，子どもたちが意識できるように促します。

（内田　考洋）

65 図工・美術

コマ撮りアニメーションを作ろう
―ペーパードール・紙・タブレット端末―

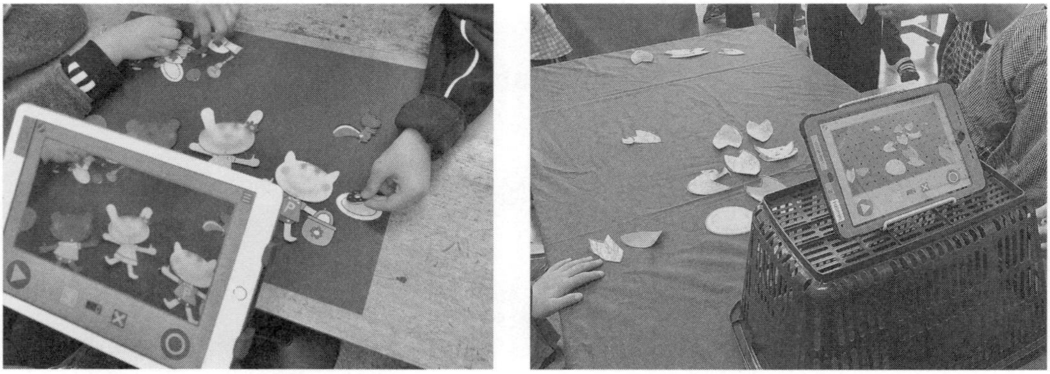

Web 絵本サイトからペーパードールを印刷してアニメに

【教材のねらい】(1)コマ撮りの原理を理解し，動かし方を工夫して表現しながらアニメーション作品を制作する。(2)友達と協力して1つの作品にまとめる。(3)テーマを理解し，作品の中でメッセージを伝えられるよう工夫する。

【教材の工夫・使用方法】(1)事前の授業で紙を切る，紙を折るなどの活動に取り組んで，紙の作品作りをする。(2)親子で遊ぶインタラクティブ Web 絵本「ピッケのおうち」のサイトからペーパードールを印刷し準備しておく（https://www.pekay.jp/house/top_tukutte.html）。(3)映像制作前にコマ撮りアニメーションの参考作品を視聴し，イメージを高める。(4)タブレット端末を固定し，アプリ「KOMA KOMA for iPad」を開く。(5)カメラに映る範囲を確認し，台紙等で区切るとわかりやすい。(6)ペーパードールを動かしながら1コマずつ撮影する。随時再生をして映像を確認する。(7)学部集会等で映像発表を行う場合には，テーマやメッセージを意識して取り組めるよう工夫する。例えば「新入生をお祝いする」「卒業する学年にメッセージを送る」などを導入時に丁寧に説明しておく。メッセージは紙で作ったり，子どもが実際に画面に登場したりと工夫しながら制作する。(8)事前の授業で制作した紙の作品も取り入れて撮影する。(9)完成したら iMovie 等で映像を編集し，音楽を入れて完成させる。音楽を GarageBand 等で作っても面白い。(10)映像の発表を行う。

【留意点】・素材を粘土にし，形を変えながらコマ撮りを撮影しても面白い表現が可能である。・アプリのインストールが必要。

（海老沢　穣）

66 図工・美術

4コマ漫画を作ろう

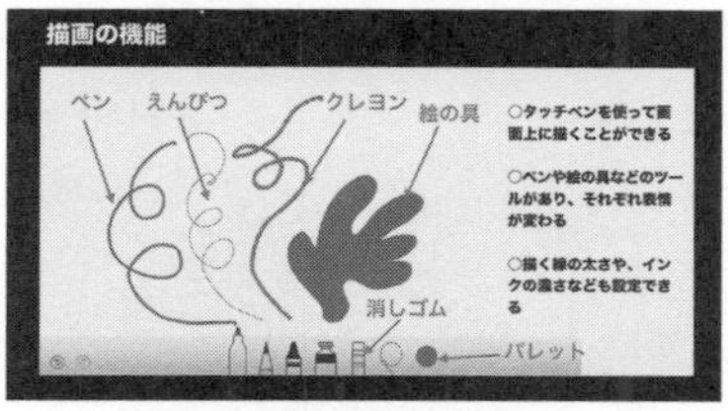

Keynote の描画機能

起承転結で物語を考え描く

子どもの作品「ダジャレが好きな床屋さん」

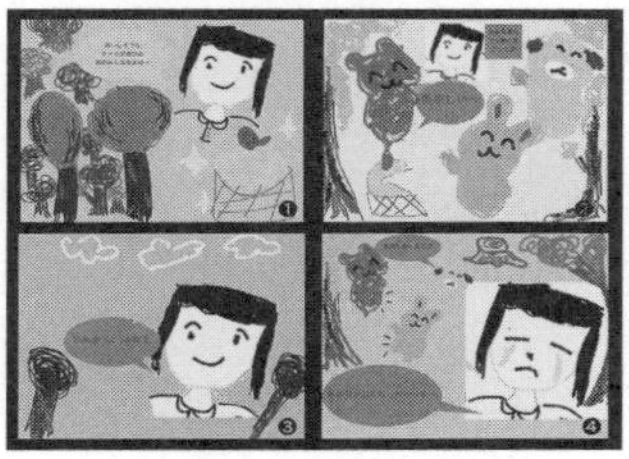

子どもの作品「森の仲間たち」

【教材のねらい】 アプリ Keynote の描画機能を用いて，オリジナルのストーリーを考えます。

【教材の工夫】 Keynote の描画では画面上で絵の具やペン，クレヨンなどのツールを使って描くことができます。また透過度なども自由に調整しながら描けるため，写真をトレースして，容易にクオリティの高いイラストを描くことができます。また描き損じてもボタン一つで戻すことができるため，子どもたちにとっては扱いやすいです。

【教材の使用方法】 授業の導入では４コマ漫画を子どもたちに見せ，４コマ漫画は「起承転結」の法則で描かれており，特に「結」のオチの場面が大切であることを伝えます。

続いてアイデアを出す段階では，どんなお話にしたいのか，考えを巡らせてスケッチするところから始めます。その際，子どもの見方や考え方を引き出せるようにコミュニケーションを大切にしながら取り組みます。

そうして考えた場面を iPad で描く工程では，タッチペンを使って描いたり，手で直接描いたりします。ダジャレが好きな子どもは，ダジャレが好きな床屋さんの話を考えました。またある子どもは，「自分が作ったケーキを森の友達にあげて嬉しかったが，自分が食べようとしたらなくなっていた」というオチを強調した話を考えました。

【留意点】 指で描いたり，描いたものをトレースしたりと，デジタルで表現がより手軽にできるようになった分，肝心のストーリーを考える部分に力を注ぐことができます。

（内田　考洋）

自分の作品を入れた写真を撮ろう
―粘土・タブレット端末―

【教材のねらい】 ⑴粘土等で制作した作品を風景を入れて写真に撮ることで，さらに表現を工夫した作品作りに展開する。⑵写真を撮る際の構図，デザイン等を学びながら，工夫して制作する。

【教材の工夫・使用方法】 ⑴事前の授業で粘土等の素材を生かした作品を制作する。⑵自分の作った作品を構図に入れて写真を撮ることを説明する。参考作品などがあるとわかりやすい。⑶写真を撮る際のポイントについて学ぶために，Apple Books「素敵な写真を撮ろう」（矢野充博）をタブレット端末にダウンロードしておく（右 QR コード）。⑷写真の構図，ストーリー，デザイン等について，教師と子どもでやりとりをしながらブックを読み進める。⑸それぞれの粘土等の作品を持って撮影ポイントに行く。学級やグループ等で相談しながら撮影場所を決められるとよい。⑹作品の配置，構図を決めて撮影を行う。位置を変えてみたり構図を変えてみたりと工夫しながら複数枚撮影する。⑺撮影が終わったら複数の写真の中から自分のお気に入りの１枚を選ぶ。⑻フォルダを作っておき，一人一人の選択した写真をまとめておく。⑼タブレット端末の写真を集約し，振り返りを行う。⑽写真を印刷して掲示することもできる。題名や工夫点等をあわせて紹介できるとよい。

Apple Books「素敵な写真を撮ろう」（矢野充博）のリンク（QR コード）

（海老沢　穣）

ユーチューバーになろう

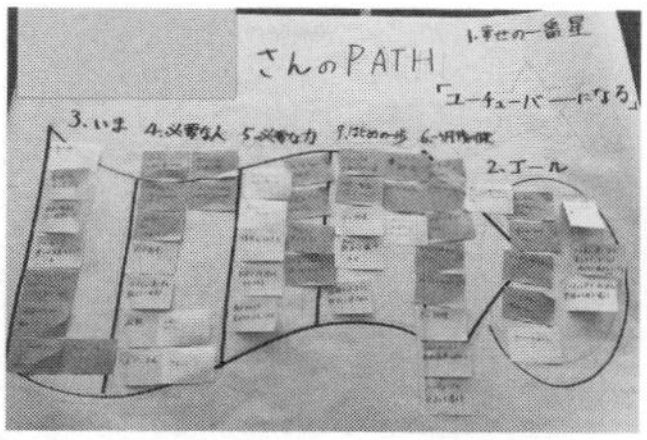

話し合いで作ったPATHのシート

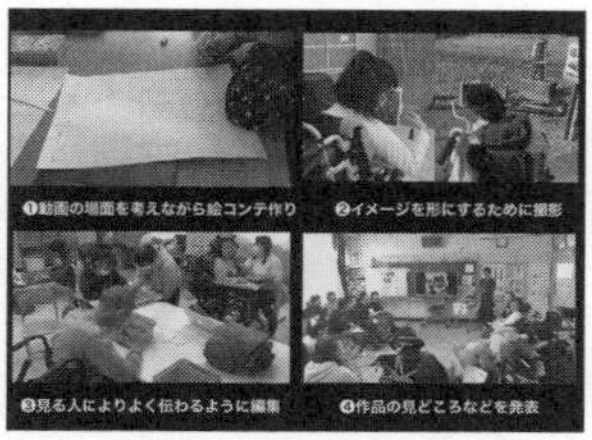

絵コンテ作りから発表会までの流れ

子どもの作品のスクリーンショットの一部

Clipsの編集画面

【教材のねらい】 自分たちの好きなことややってみたいこと，夢などについて考えます。自分の考えを動画にする経験を通して，作品を発表する楽しみを感じます。

【教材の工夫】 Clipsという喋った言葉が自動でテロップになったり，動くスタンプなどを配置したりして，簡単に見栄えのよい動画ができるアプリを使います。できた作品を発表する機会を設けます。

【教材の使用方法】 はじめにPATHという話し合いの手法を用いた子どもたちの「夢」についての話し合いを行います。「幸せの一番星（夢）」を考えて，それに必要な事柄について，意見を出し合いシートを作ります。

動画作りではアイデアを絵コンテとして描かせることから始めます。どんなストーリーの展開にするのか，また撮影に必要なものは何か，話し合いながら絵コンテを描かせるようにします。

実際の撮影では，必要に応じて別のクラスの教師などに出演の依頼をする子どももいます。子どもたちの言語活動がより豊かに行われることもこの授業の目的の一つです。

動画の編集にはClipsというアプリを使います。色々な機能を用いて楽しみながら動画作りができます。完成した作品は「新人ユーチューバー発表会」と称して発表し，お互いに感想や質問を言い合います。

【留意点】 話し合いや動画作りでは，「相手に伝わりやすくするにはどうしたらよいか」を意識させながら指導を行います。

（内田　考洋）

鑑賞の活動

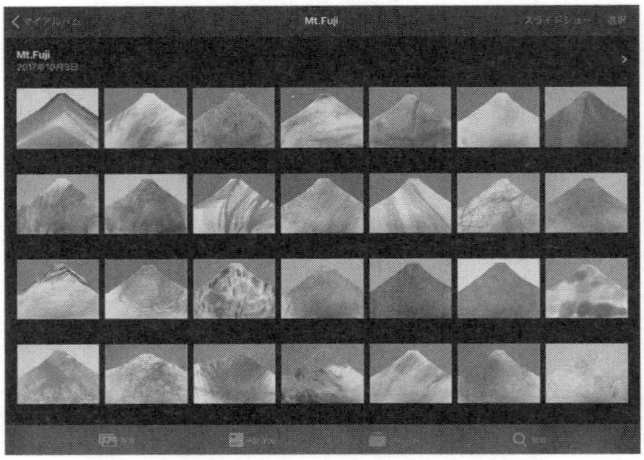

写真１

写真２

【教材のねらい】 ⑴授業のテーマや活動内容について見通しやイメージを高めるために参考作品を鑑賞する。⑵自分や友達の作品を鑑賞し，工夫した点を発表したり気づいたことを発言したりして，作者や作品への理解を深める。⑶活動に取り組んでいる様子や制作過程を鑑賞し，内容を思い出したり，取り組んだことを振り返ったりする。

【教材の工夫・使用方法】 ⑴参考作品の鑑賞：アーティストの絵画作品やアニメーションなどの動画作品の鑑賞を行う。Keynote などのスライドと組み合わせることで，鑑賞の際のポイントを説明したり，作者や作品についての情報をあわせて伝えたりすることができる。また，授業へのイメージを高めるために，テーマに関連した動画等を紹介することもできる。授業のねらいを踏まえた上で効果的に活用することが大切である。⑵自分たちの作品の鑑賞：自分や友達の作品を鑑賞することは子どもにとっても楽しみの一つとなる。タブレット端末で撮影し，鑑賞用のフォルダを作成しておけば，スライドショー（写真１）やメモリームービー（写真２）として再生することもできる。トランジションや音楽が加わるとより効果的な鑑賞に展開することができる。⑶授業や活動の様子を鑑賞：授業の導入時に前時の授業の振り返りをすることで本時の活動への見通しをもったり，授業の様子を撮影しておき，授業のまとめで紹介したりすることで授業を振り返ることができる。感想や気づいたことを発言してもらうきっかけ作りとして活用すると効果的である。

（海老沢　穣）

朝の会・帰りの会　司会セット

顔写真を貼ると，誰が係かわかりやすい。

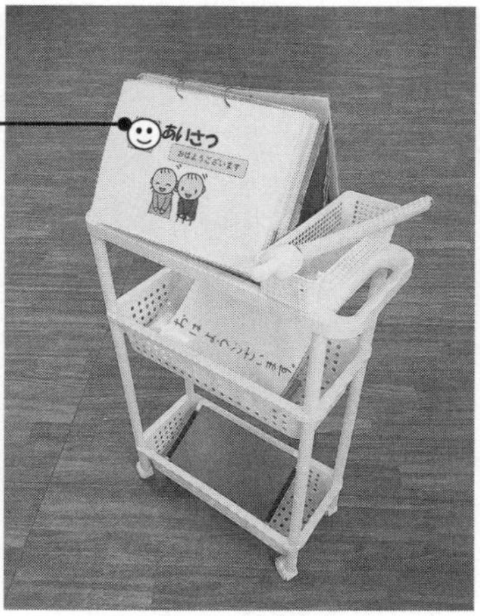

日直が自分でめくります。

みなさんの教室では，毎日，朝の会・帰りの会を行っていると思います。では，誰が，どのように司会，進行をしていますか。

ここでは，子どもが主体的に会を進めることができる教材のアイデアを紹介します。

まず，朝の会・帰りの会の内容を表す予定カードがあります。大体，名前呼びや一日の予定，今日の給食などが主な内容になると思います。ここでの工夫は，カード提示の方法です。ホワイトボードに上から下に貼る形式ではなく，「めくり」の形になるように作ります。これによって，一番表に出ているカードが今取り組んでいる内容となります。視覚に入ってくる情報が整理されるので，子どもにとって理解しやすいというのが一つの利点です。また，日直は自分でカードをめくって会の進行をするので，会の内容や気持ちに区切りをつけやすいというよい点もあります。

もう一つの工夫は，「指さし棒」をセットで用意しておくことです。道具があるだけで動機づけになる子どももいます。また，発語が出にくかったり，声が小さかったりする子どもも，今どの言葉を読んでいるのかを指さし棒で他の子どもに伝えることができます。さらに，日直が「指さし棒」で指した言葉をみんなで言う決まりにすると，前に出た子ども以外も積極的に朝の会・帰りの会に参加することにつながります。各カードに顔写真をマジックテープで貼れるようにしておくと，「給食献立読み」の係や「お天気」の係が誰なのか，一目でわかる支援になります。

（和泉澤　賢司）

フィニッシュボックス

普通のフィニッシュボックス

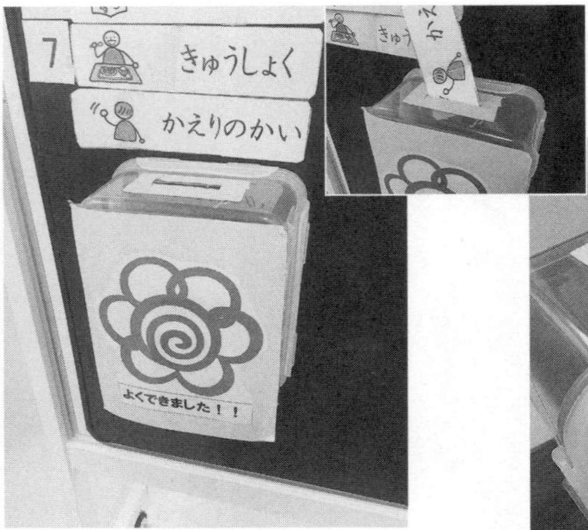

入れたら見えなくなる
フィニッシュボックス

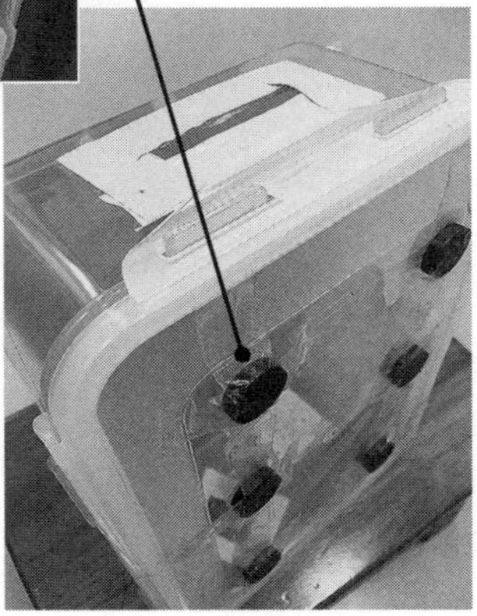
裏面に磁石を貼ってあります。

朝の会・帰りの会など予定カードを使う機会は多いと思います。その際，終了した予定カードを入れる「フィニッシュボックス」はどのようなものをお使いですか。

よく使われているのは，上部が開いた箱型で，磁石でホワイトボード等に付けるタイプのものだと思います。ただ，この形状ですと，中のカードがそのまま見えて刺激になってしまう子どもがいます。

ここでは，子どもに合わせて視覚的な刺激を減らす工夫がされた，よりフィニッシュ感のある手作りボックスを紹介します。

使う材料は適当な大きさのタッパーと磁石です。まず，タッパーの側面にスケジュールカードの入る穴をあけます。裏面にはホワイトボードに貼り付くように磁石を取り付けます。

工夫の効果としては，カード自体が箱の中にすべて入り，完全に見えなくなることで，「予定の終了」をより感じられるようになります。さらに，穴から入った予定カードは目につかなくなるので，上部が開いていることでカードを触りたくなってしまう子どもへの配慮にもなります。また，フィニッシュボックスが落ちてしまっても，予定カードがバラバラと床に散らばることもありません。取り出すときはタッパーの蓋を開けます。

余計な視覚刺激があるのとないのとでは，子どもの行動が大きく変わります。

（和泉澤　賢司）

ポケットカレンダー

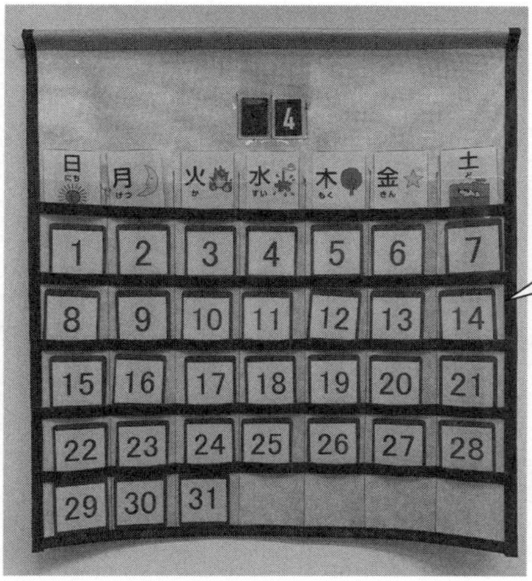

写真のカードは青だけですが，休みの日を赤で表示するのもよいです。

数字カードを操作して，自分で作ることで，見通しをもつことができます。

【教材のねらい】 カレンダー，予定を自分で作ることで，見通しをもって過ごすことができます。

【教材の工夫】 文字を書かなくても，数字カードを入れることで，カレンダーを作ることができます。あとから授業や行事のカードを入れることができ，１か月の見通しをもつことができます。休みの日用に，赤など色の違う数字カードを用意するのも有効です。今日の日付を入れる枠を用意すると，今日がどの日なのかが把握しやすくなります。

【教材の使用方法】 子どもが自分で数字カードを入れるために，数字カードを用意します。数字カードを入れていくときに，見本となるカレンダーがあると，子どもは１人でカレンダーを作りやすくなります。係の仕事の一つにしてもよいでしょう。

作ったカレンダーは，常に見える場所に掲示しておきます。朝の会や，帰りの会で「○○くんが作ったカレンダーです」と紹介しながら使うと，自己肯定感が増します。誕生日のマークを作って入れておくと，特別な一日が嬉しいです。

予定に変更がある場合は，カードを自分で入れ替えることで，変更をより具体的に理解することができます。77で紹介する「へーんこう！」カードとポーズを併用すると，変更をスムーズに受け入れることができるかもしれません。

（和泉澤　賢司）

とにかく花丸

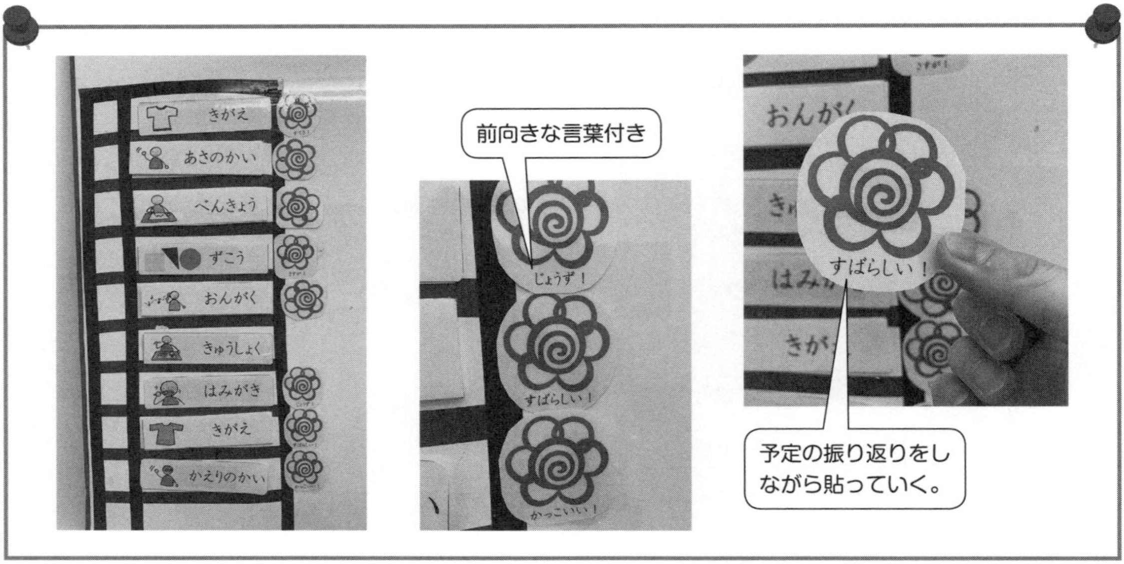

【教材のねらい】 一日の終わりを，気持ちよく，前向きに迎えることで，帰宅してからの落ち着きや，次の日の意欲につながるようにします。

【教材の工夫】 とにかく花丸を用意します。前向きな言葉を付けてもよいです。予定カードはいつも通り使っているものでよいです。

【教材の使用方法】 子どもたちは，提示されるものや言葉かけの中で，最後に目や耳から情報として入ったものを，印象深く受け取る場合があります。

学校では一日の終わりに，帰りの会などで振り返りをすることが多いと思います。一日を思い返すと，友達同士の喧嘩やパニックなど，いろいろなことがあったかもしれません。子どももいろいろあったことは，わかっていて，覚えています。ただ，教師に注意された，叱られたままで一日が終わっては，印象がよくありません。前向きな成長につながりません。そのためにこの教材を使用し，振り返りの時は，とにかく前向きな内容で，子どもにも花丸をたくさん使って，振り返りをします。教師も，どんなことでもよいので，子どもに前向きな評価をしながら，花丸を予定カードの横に付けていきます。これで「今日一日楽しかった」「先生に褒めてもらえて嬉しい。また明日も頑張ろう」という気持ちになることができます。

【留意点】 評価する教師が，とにかく普段から前向きな視点で，子どもと接することが大切です。

（和泉澤　賢司）

移動支援カード

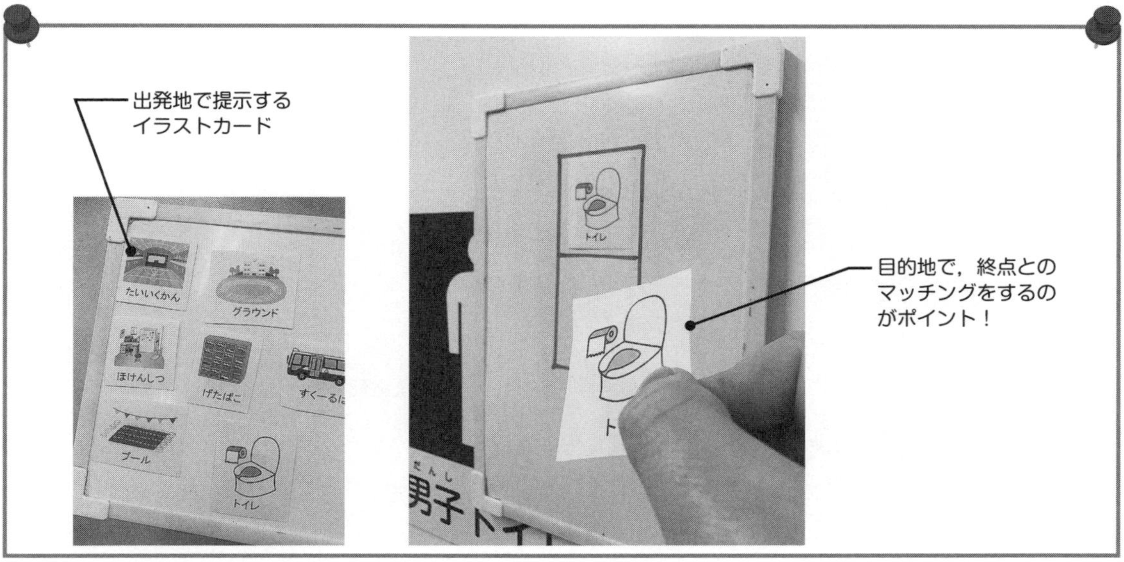

学校生活では，多くの移動場面があります。子どもによっては，この移動に見通しがもてなかったり，気持ちの区切りがつけられなかったりすることがパニックや座り込みの原因になることがあります。そこで，見通しや区切りをつけるための支援として，目的地の写真やイラストカードを使うことがあります。

今回は，効果的な支援カードの使い方を考えてみます。

移動には，必ず出発地と目的地があります。言い換えれば，書字の練習などで丸を書いたり，シールを貼って表したりする「始点」「終点」と同じことです。この書字の練習をするときに，もしも始点だけが決まっていたとしたら，子どもはどこで線を終わりにしてよいのかわからないでしょう。この段階では，終わりの見通しをもつために，必ず終点を設定する必要があります。

このことを移動支援のカードに当てはめて考えるとどうでしょう。「始点」として子どもに写真カードを提示するだけでなく，「終点」をわかりやすく設定する必要があります。簡単にできるのは，各目的地に提示したものと同じカードを貼り，終点のマッチングをすることです。「始点」だけでなく「終点」をはっきりさせることで，子どもがより自主的に「移動」という目的行動をとることができるようになるでしょう。

（和泉澤　賢司）

荷物の整理
―動線の工夫―

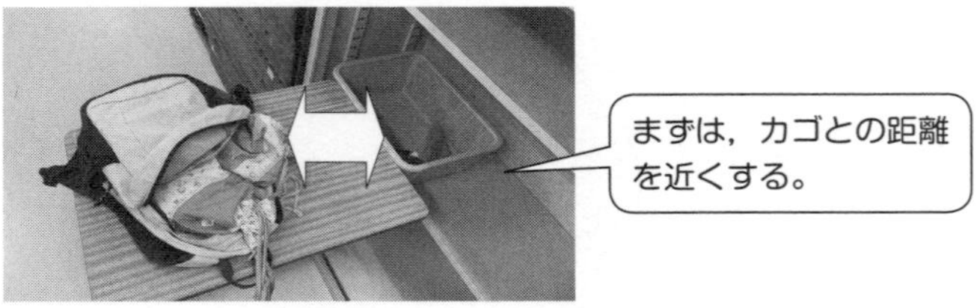

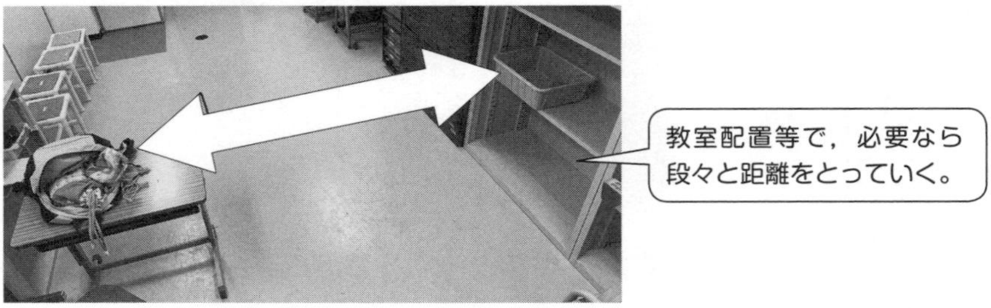

教室配置等で，必要なら
段々と距離をとっていく。

【教材のねらい】 荷物整理を一人で進めることができるようにします。

【教材の工夫】 見てわかる手順表などです。

【教材の使用方法】 荷物整理では，まず鞄から荷物を出します。荷物を一つ出した後，連続して次の荷物を出すことが難しい子どもがいます。

このような時に，片付けるものが視界の中に入ることで，活動を意識でき，再開できることもあります。教師が黙ったまま荷物を提示するだけで，目的の行動をとれるということです。これは，言葉かけが余計な刺激になってしまうということを意味します。

また，連絡帳や水筒，タオル，着替え，歯ブラシ等たくさんの物を，決まった場所に配置することがあると思います。しかし，鞄から出すことと，決まった場所に置くことを同時に指導のねらいにすることは，難易度が高いのです。まずは，鞄から一つのカゴに荷物を全部出します。その後，決まった位置に片付けることを指導することが有効な場合もあります。この時に気をつけなければいけないことは，鞄とカゴの距離です。まずは，机をカゴがある場所の近くに置くか，カゴを机の近くに置くようにします。継続して荷物を出せるようになったら，鞄とカゴの距離を離していきましょう。また，目的行動を継続的に行うために，76の着替えの指導でも示すように，荷物整理の順序カードを使用するのも効果がある場合があります。

【留意点】 できる距離や，ねらいを立てられるよう子どもの力を正確に把握しましょう。

（和泉澤　賢司）

自分で着替えよう

ボタンを付けておけば，間違えも減ります。

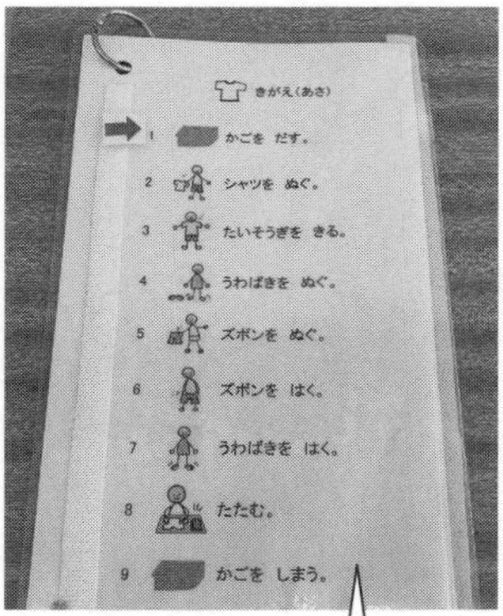

裏には，帰りの着替えが書いてあります。

自分で矢印を操作して，着替えを進めます。

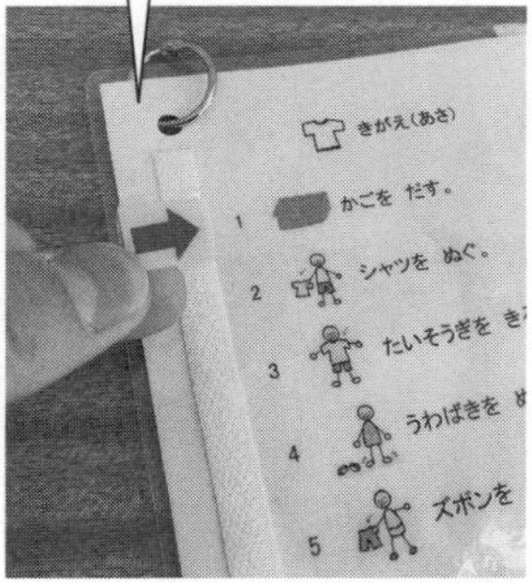

【教材のねらい】 一人で着替えを進めることができます。着替えをスムーズに行います。言葉での指示を減らします。

【教材の工夫】 見るだけでなく，自分で操作する内容を取り入れることで，着替えに意識を向けられるようにします。

【教材の使用方法】 体操服の上着では，背中の下辺りに目印となるボタンや好きなキャラクターなどを付けます（写真左）。ズボンには，前のつかむ部分に同じようにボタンやキャラクターを付けます。毎日の着替えの中で，目からの情報でボタンを意識することができ，自然とボタンを探して，着たり，はいたりできるようになります。また，複数の子どもが同時に着替えをしている中で，教師が「反対だよ」や「表裏逆になっているよ」等の言葉での指示を毎回していると，その場が騒がしくなってしまい，結果，子どもが落ち着かなくなってしまうことがあります。ボタンが付いていれば，指で示すだけで，目で見て（形なく消えてしまう耳からの情報ではなく）理解することができます。

別の場合では，自分で行動の区切りをつけていく教材が有効なこともあります（写真中・右）。着替えといっても，最初から最後まで，多くの行動の連続で成り立っています。一つの行動をした後，集中が続かず，本来の目的行動に移れない子どももいます。この教材を使うと，自分で矢印を動かすことで行動を短く区切り，次の行動を意識しやすくなることで，着替えを進めることができます。

（和泉澤　賢司）

「へんこう！」のポーズ，カード
―気持ちの切り替え―

【教材のねらい】 行動・気持ちの切り替えを支援します。

【教材の工夫】 見本は大きな身振りで行うことが大切です。何回か取り組むと，カードがなくても「へーんこう！」のポーズをすることができ，いつでも，どこでも活用できます。

【教材の使用方法】 学校で生活をしていると，行事などの影響で，授業の内容や予定の急な変更が少なからずあります。予定の変更を受け入れるのが難しい子どもにとっては辛いことです。そんな時に，少しでもスムーズに気持ちの切り替えができるよう，使うと気持ちの切り替えを支援できる，上半身を大きく使ったサインです。

まずは，練習をしておきます。事前に，このポーズをみんなでする時は，予定や活動場所に変更がある時だと伝えておきます。

まず教師が大きな動きでこのポーズをとります。ポーズの動きは，ヒーローもので有名な，あの「へんしん！」と同じような感じに，腕を大きく回します。子どもも，楽しく練習に取り組むことができるでしょう。

そして，いざ予定や場所の変更をしなければならない時に，「しまった！これは，あのポーズだ！」と前振りをしてから，みんなで「へーんこう！」のポーズをとると，気持ちも少しすっきりとして，変更を受け入れることができます。

【留意点】 基本的には，予定の変更は少ない方が子どものストレスにならないので，日常の時間割を安易に変更することはやめましょう。

（和泉澤　賢司）

姿勢の保持　滑り止めマットの活用

100円ショップなどで売っている滑り止めマットを活用します。

座面が滑らなくなり，姿勢の保持に効果的。

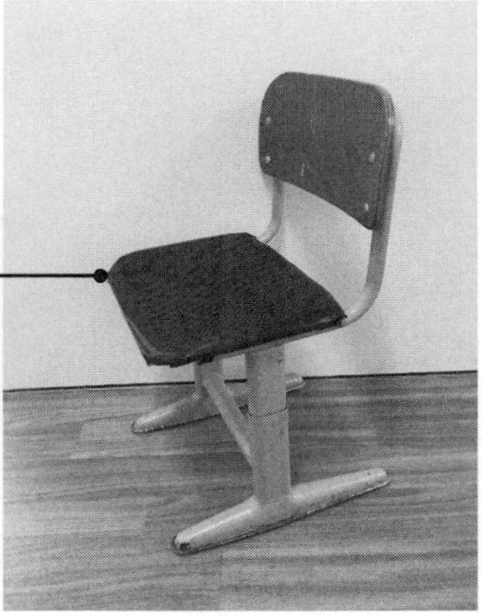

約束カード

1	つくえを　せんに　あわせる
2	あしを　ゆかにつける
3	いすの　おくまで　こしかける
4	せなかを　のばす
5	せんせいの　ほうを　むく

約束カードを黒板等見える場所に貼っておくと，教師が指さすだけでよい姿勢をとるようになります。

みなさんの周りに，姿勢が気になる子どもはいませんか。また，「姿勢をよくして」と伝えると，その一瞬はよい姿勢を意識できますが，すぐに姿勢が崩れてしまうような子どもも多いのではないでしょうか。

姿勢が悪いと，見ること，書くことなどの学習に悪い影響を与えてしまうことになります。しかし，姿勢が悪くなるたびに「姿勢をよくして」と伝えていると，本人は姿勢の保持を意識するあまり，学習に集中できないということが起こり得ます。

ここで紹介するのは，子どもがよい姿勢を保持する手助けになる教材（支援の方法）です。背もたれのある椅子で，姿勢が悪くなる原因とみられるのは，背もたれに寄りかかり，そのままお尻が前に滑ってしまうことです。そのために姿勢が崩れている様子が見られます。この「滑り」は，座面に「滑り止めマット」を貼ることで解消することができます。「滑り止めマット」は，かなりの摩擦が生じるので，お尻が前に滑り出すこともなく，骨盤が立ったままのよい姿勢を維持しやすくなります。「滑り止めマット」は100円ショップなどでも売っているので，椅子の座面に合わせて適当な大きさに切って活用するとよいでしょう。

また，「約束カード」を黒板など子どもが見える場所に貼っておくと，教師が指さすだけで自然とよい姿勢をとるようになります。あわせて体育や自立活動で体幹を鍛える運動にも取り組み，自然によい姿勢をとることができるよう指導していきましょう。

（和泉澤　賢司）

79 日常生活

いすゴムバンド

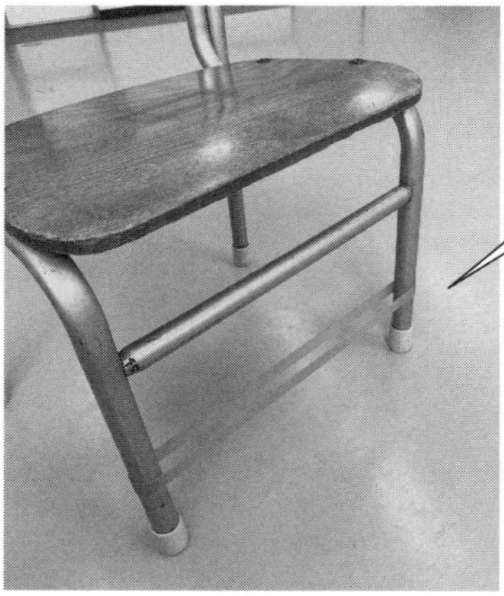

ゴムは，１本でも，
２本でもよいです。

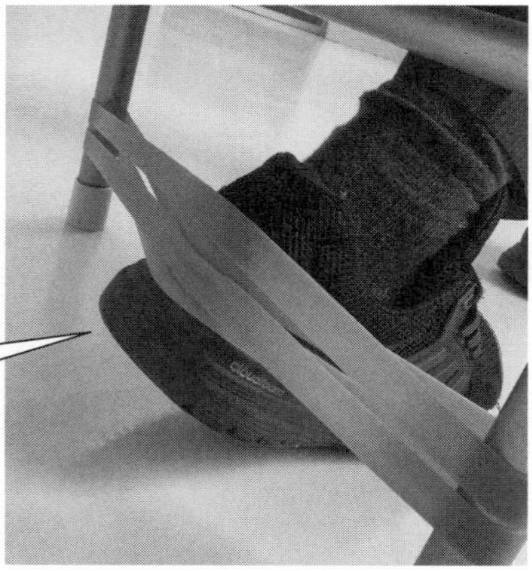

使い方は自由です。

【教材のねらい】 着席行動を促します。適度な自己刺激を入れることで，行動を統制できるようにします。

【教材の工夫】 ゴムの種類や，付ける本数を選び，足で触れた時の固さを調節します。付けるゴムの高さは，子どもの反応を見ながら調整します。

【教材の使用方法】 多動性や注意の欠如から，一定の時間，椅子に座っていることが難しい子どもがいます。年齢とともに，座る時間は伸びていくと思われますが，一定の支援をすることで，着席している時間を伸ばすことが可能かもしれません。また，ある程度の刺激を入れることで，目的の物事に集中できる子どももいます。自分の上履きを椅子の脚に挟んで，椅子の傾きを感じている子どもにも有効なことがあります。

ここで紹介する「いすゴムバンド」は，それほど目立つ行動をせず，簡単に自己刺激を入れることができる教材の一つです。

写真のように，椅子の脚の部分に，太いゴムを取り付けます。ゴムは，100円ショップや，ホームセンターで販売しているものを使用します。ゴムの使い方は，子どもによって様々で，踵をあてるようにしたり，上履きの底で擦ったりしている様子が見られます。

【留意点】 ゴムで刺激を入れること，遊ぶことに，あまりにも集中してしまうような場合は，他の支援も併用してください。周りの子どもが，ゴムの音が気になってしまう場合は，使用する場所や集団を再考してください。

（和泉澤　賢司）

80 日常生活

雑巾がけ練習用段ボール

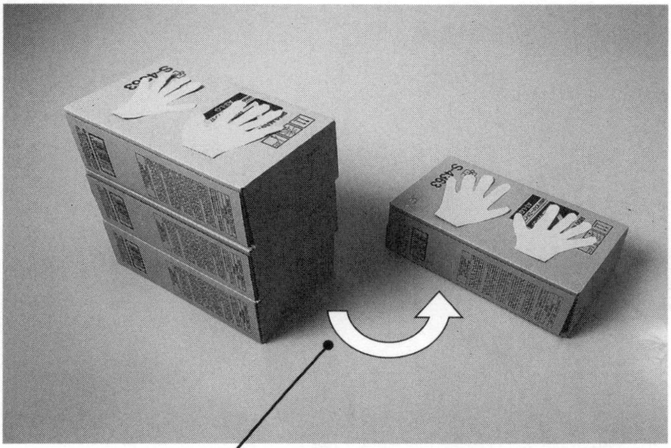

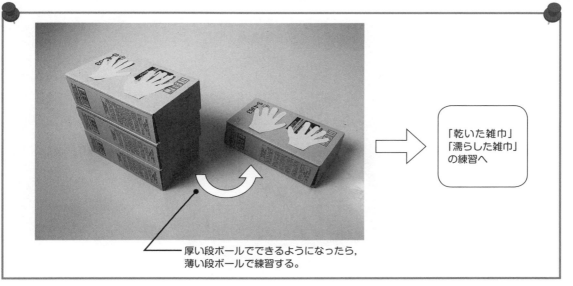

厚い段ボールでできるようになったら，
薄い段ボールで練習する。

「掃除」の指導では，椅子・机運び，ほうき，雑巾がけ等，さまざまなねらいが設定されます。それぞれのねらいをスモールステップで設定することで，一つ一つ掃除の技能を習得することができます。ここでは，雑巾がけの練習に活用できる教材を紹介します。

はじめから濡れ雑巾で床の雑巾がけをすることが難しい子どもがいます。身体の位置や傾きを認知して，腕の筋肉で身体を支え，足を使って前へ進むという，いくつかの動作を同時に行うことに難しさがあります。さらに雑巾が濡れていて摩擦が大きいことも問題となります。

そこで，「姿勢の工夫」と「摩擦の軽減」をしてくれるのがこの練習用段ボールです。手形がついている厚みのある段ボールを押すことで，手で押して進みやすい高さと，床と段ボールの滑りやすさを提供してくれます。高さに慣れてきたら，段ボールの厚みを「厚→薄」にすることで実際の雑巾がけの行動に近づけていきます。段ボールは，細く高くしてしまうと前に転倒する危険もあるので，床への接地面は十分に広くなるよう作ります。段ボールの中には，潰れないように発泡スチロールや段ボールのような軽いものを芯として入れてください。

薄い段ボールで活動できるようになれば，その後は「乾いた雑巾→濡れた雑巾」と難易度を上げていきます。この練習をすることで，途中でよろけたり，前へ進むことが難しかった子どもも自信をもって雑巾がけに取り組むことができるようになるでしょう。

（和泉澤　賢司）

ドロップス

（ドロップレット・プロジェクト）

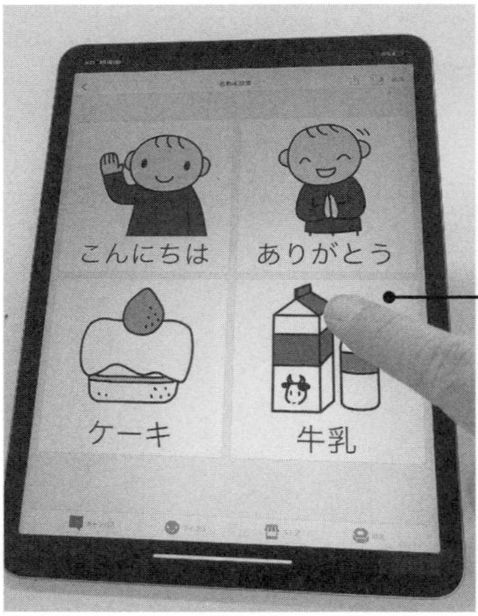

タップすると音声が再生されます。

筆者がこの業界で仕事を始めた頃，いわゆる知的障害児や自閉症のある子どものコミュニケーション支援においては，視覚シンボル，ものや状況等をできるだけ余計な要素を排除してイラストまたは図化したものは，従来海外で活用されているものを輸入するという時期がしばらくありました。しかし，当然のことながら，外国の文化や習俗と本邦のそれとでは趣を異にするため，シンボルのイメージが合わないことが多々あり，国産シンボルを求める声は当時からかなりありました。心ある実践者の労苦によって，いくつかの国産シンボルが創出されたなかで，学校や日常生活での実用を想定した一定数の言語数と単独デザイナーによる統一感のあるシンボルが誕生したのです。それが「ドロップス」です。

ドロップスの優れた点は，いくつもありますが，シンボルが活用されることの多い学校現場での活用に実に適している点でしょう。紙印刷への対応，パワーポイントでの加工の容易さ，シンボル同士の組み合わせ，背景透過等が実に容易にできることは非常にありがたいものでした。そして，そのドロップスの誕生と歩みを合わせるかのように出現した情報携帯端末でドロップスがVOCAとして機能するようになり，コミュニケーション支援の一つの風景になったかのように感じています。近年では，タイマー機能，リマインダー，手順表等の機能等が付加され，それを共有できるようにもなり，さらに活用が質，量ともに広げられる可能性が高まったと考えられます。

（杉浦　徹）

プログラマブルキーボード

（長野テクトロン）

一般的に用いられているキーボードの配列や文字の位置は固定されています。肢体不自由のある子どもによっては，手の可動範囲が狭いために指が届きにくいキーがあったり，アテトーゼ等がある場合，特定のキーだけを押すことに困難さを示すことがあります。また，知的障害のある子どもや発達障害のある子どもの場合は，必要なキー以外の情報が多すぎることで誤ってキーを押す可能性が高まると考えられます。

このキーボードは，キーの配列はもとより，必要なキーだけを選択して配列することができる点が優れています。例えば，ひらがなだけ，またはひらがなと数字だけ等，自由に選び，配列することができるのです。また，複数キー操作，例えば control と shift を同時に押すような操作も一つのキー操作で可能です。

キーの大きさもカスタマイズすることができ，２×１，２×２の大きさに変更することが可能です。使用頻度の高いものや印刷，終了など，操作と直結したキーを大きく，押しやすい位置にすることで操作性が向上すると考えられます。

肢体不自由のある子どもの場合は，必要なキーを個々の操作しやすい身体部位に合わせて特定の位置に集めることで操作がしやすくなると考えられます。知的障害や発達障害のある子どもの場合は，特定のキーだけを大きくし，色を変える等の工夫で誤入力を減らせるでしょう。国立特別支援教育総合研究所の青木高光主任研究員から紹介していただきました。

（杉浦　徹）

おにぎり VOCA

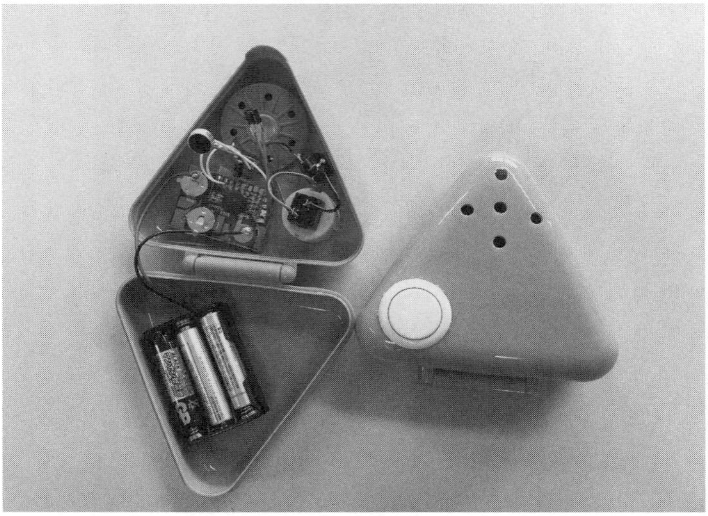

いわゆる話し言葉をコミュニケーションにおける手段として用いることが難しい子どもたちにとって，「VOCA」は自分の意思や要求を伝える楽しさや便利さを教える道具としては有効な機器です。VOCA はその機器の性格上，活動場面や個々の実態に応じてカスタマイズする必要があります。そのようななかで，安価な自作できる VOCA の代表ともいうべきものが「おにぎり VOCA」です。マイコンキットドットコムから600円弱の音声再生キットが発売されたことで，自作の VOCA 作りが各地で始まりました。そんななか，愛知県の瀧澤明浩さん（保護者）がキットとスイッチを100円ショップのおにぎりケースに内蔵した自作の VOCA を筆者が主催する支援機器作成会「信州スイッチラボ」で紹介してくれたことがはじまりではないかと思います。小学部の知的障害のある子どもは，２つの色のおにぎり VOCA を使い分けていました。１つには「歌を歌ってください」，もう１つには「トイレに行きたいです」と，いずれも教師に自分の要求を伝える際に使用していました。下校時には大事そうにロッカーにしまってから帰るため，その子どもにとっては有効な支援機器だったと考えられます。また，緘黙のある小学生が給食の際に「いただきます」と言う当番が回ってきたときに，自宅で自分の声を録音したおにぎり VOCA を使って当番の仕事を遂行したこともありました。使い方を工夫することで子どもたちの活動参加を促すことができ，自己肯定感を高めることにつながると考えられます。

（杉浦　徹）

84 日常生活

デジタル耳せん

（キングジム）

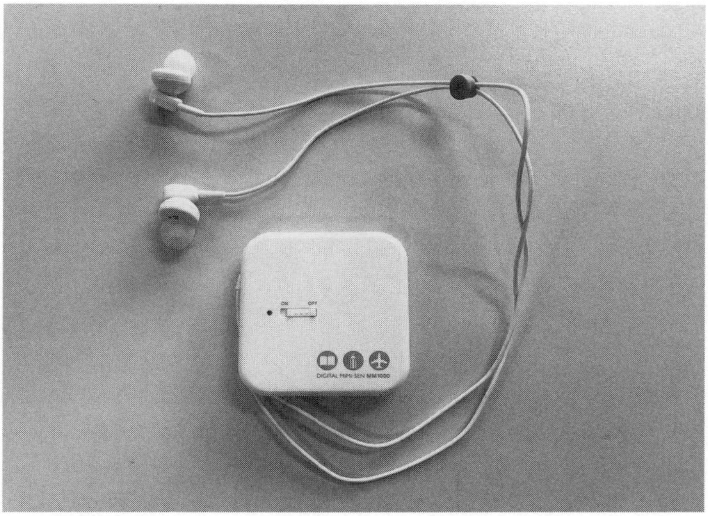

いわゆる発達障害のある子どものなかには，音への過敏さがある例が少なくありません。音の大小だけでなく，特定の音が気になり，学習や活動に集中できない例もあります。学校の教室は雑音の宝庫です。友達の声，咳払い，教科書をめくる音，チョークと黒板が当たる音，チャイム，階上の教室で机や椅子を引く音等。このような音への対応として，従来，いわゆるイヤマフが活用されてきました。騒音対策のヘッドフォンです。筆者も実際に子どもに紹介し，効果を示した例もありました。しかし，なかにはヘッドフォンの活用を渋る例も少なからずありました。ヘッドフォンは外見的にも目立ち，通常の学級等での使用には抵抗があるというのです。

確かにそうだと思いました。対象が思春期の子どもならなおさらかもしれません。そこで紹介したのがデジタル耳せんです。文字通りデジタル技術により外界からの音を軽減する仕組みです。イヤフォン式なのでヘッドフォンに比べても目立ちません。最近の中高生の多くが携帯端末で音楽を鑑賞しているため，見た目の違いはとても少ないと思われます。

当事者自身がイライラや不愉快さの原因が自らの音への過敏さに基づくものだと気づいていないこともあります。まずは試してみるとよいでしょう。外界の音を軽減できれば一番よいですが，なによりも気持ちや行動が音の影響を受けていることを知ることや，機器を活用することでその困難さを自分で対処できることを知り，それにより自己肯定感をもてることが大事だと考えます。

（杉浦　徹）

色をよく見てさしてみよう

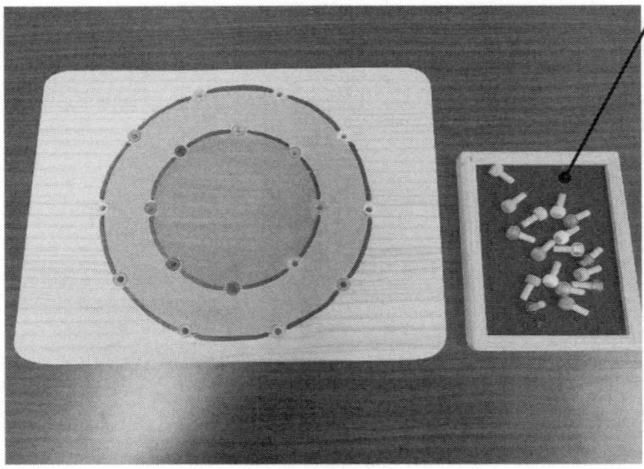

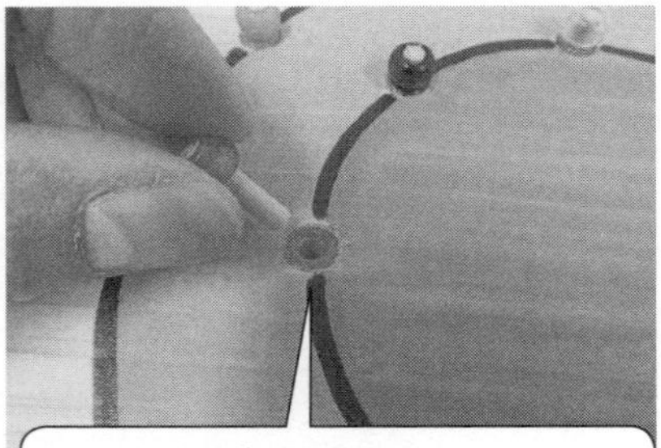

入れるビーズの穴を２ミリほど大きくすると気持ちよくはまります。

【教材のねらい】 同じ色のビーズの中にさし，色を弁別しながら指先の巧緻性を高めます。

【教材の工夫】 形や組み合わせのはめ板の教材では手指の使い方に困難さがある子どもに対して，棒さしの要領ではめていきながらも，色の弁別を促し，思考しながら正しいところにさすことを促せるようにしました。色に対して興味があり，意欲的に弁別しようとする子どもの長所を生かしながら，多少細かな手指の操作が必要であるが主体的に行えるよう様々な色のビーズを用いました。

【教材の使用方法】

①色ビーズの埋め込まれた板を子どもの前に提供する。②棒のついた色ビーズを小さな箱に入れて複数個一度に提供する。③色を弁別しながら同じ色のビーズ同士を板にはめていく。④全ての色ビーズがはめ込まれたら答え合わせを行う。

【留意点】 子どもが判断に迷っている際には，手に持っているビーズの色にまず注目させて，その後，色ビーズの埋め込まれた板のビーズをゆっくり指さしながら同じ色を探し当てる方法を伝えます。課題に取り組んでいる際に間違えたところにさすことが続くことのないように，子どもの思考が色の違いに注目することに至るように促します。一度に全ての色ビーズを弁別することが難しい子どもに課題を始める際は，いくつかの色ビーズは予めさしておいて試行回数を少なくするなど子どもの実態に応じて工夫して提供します。

（宇田川　良行）

ぱんだのたからもの

―発声・発語の練習―

イラストを提示しながら一文字ずつ，丁寧に発声します。

ぱ　ん　だ

た か ら も の

【教材のねらい】 口腔機能の向上を目指します。発声，発語能力の向上を目指します。

【教材の工夫】 短い言葉の中に，ポイントとなる言葉を入れ，意識して丁寧に読むだけで口腔機能の向上を図ることができます。「パンダ」と「宝物」のイラストを提示し，言葉のイメージをもてるようにすることで，いつでも簡単に楽しく取り組むことができます。

【教材の使用方法】 イラストを提示し，丁寧に発音することを意識しながら，言うように指導します。一音一音に口腔機能上の意味がありますので，簡単に説明します。

「ぱ」…上唇と下唇をしっかり閉じないと出せない音。

「た」…口の中で舌先を，前方につけないと出せない音。

「か」…奥舌，舌根を閉じなければ出ない音。

「ら」…舌を口蓋につけてから，はじかないと出ない難しい音。

「も，の」…軟口蓋を使って出す音，鼻に抜ける音。

「ぱんだのたからもの」と言うことで，これらの音の出し方を，自然と学ぶことができます。回数を重ねることで上達しますので，朝の会の終わりや，国語の授業のはじめなど，予定に組み込んで学習すると，効果が期待できます。また，一音一音を意識するのに，カスタネットなど音の出るものを使って，音を意識することも有効なことがあります。

（和泉澤　賢司）

穴あき紙コップで舌体操

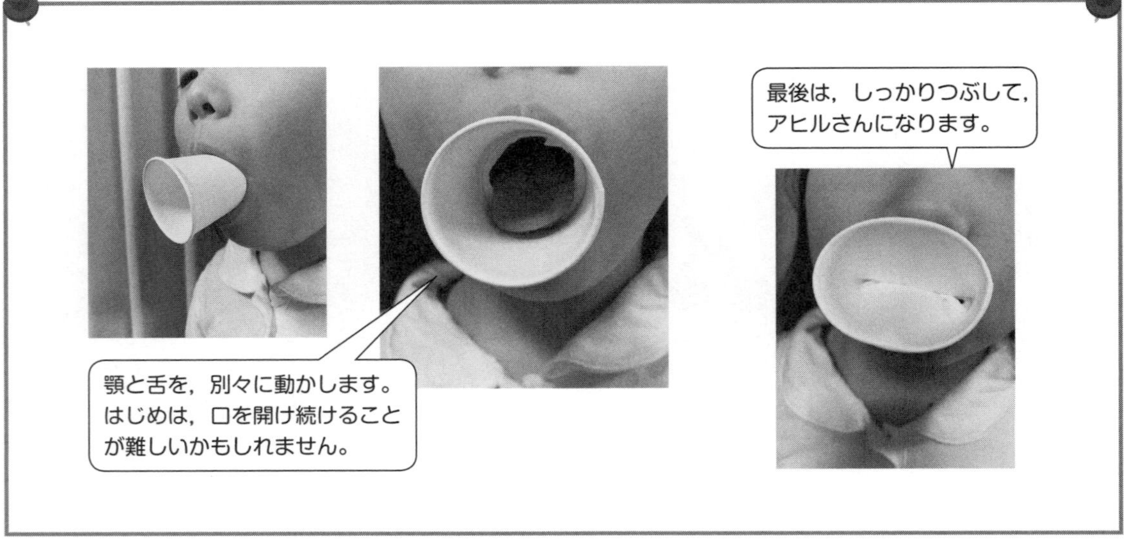

最後は，しっかりつぶして，
アヒルさんになります。
顎と舌を，別々に動かします。
はじめは，口を開け続けること
が難しいかもしれません。

【教材のねらい】 この教材は，顎と舌の使い方の上達をねらいます。口腔機能の向上，発声，発語の上達などに良い影響が考えられます。顎と舌は，摂食をするのにとても大切で，食べ物を口に取り込んだ後，顎と舌が別々の動きをする必要があります。この教材に楽しく取り組む中で，顎と舌を別々に動かす力が高まります。

【教材の工夫】 子どもの口の大きさに合わせて紙コップを用意します。口の小さい小学生には，60ml の容量のものがちょうどよいです。底は，はさみで穴をあけた後，指でちぎって穴をあけておきます。

【教材の使用方法】 1人から複数人まで一度に取り組むことができます。まず，教師が見本を見せます。くわえるだけで，つぶさないように努力することを伝えます。

次に，くわえた状態で，舌を「上，下」続けて「右，左」と動かすことにチャレンジします。動かし方は，アレンジしてもよいでしょう。最後は「アヒルさん」と言って，紙コップをつぶします。これで，口を閉じる力も確認します。

はじめは，つぶさないようにするだけでも，難しいかもしれませんが，楽しく繰り返し取り組むことで，顎と舌を分離して使うことが上手になっていきます。

【留意点】 大きい紙コップを使うと，口に入りません。もしくは，くわえることだけでも，大変になってしまい舌の訓練ができないので，適切な大きさの紙コップを使用します。

（和泉澤　賢司）

型はめスライディングブロック

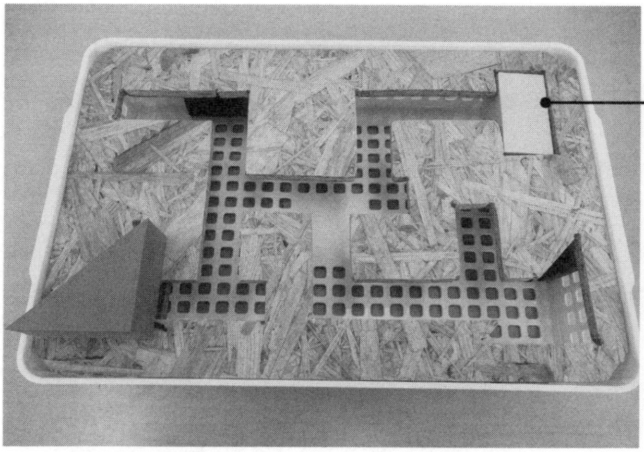

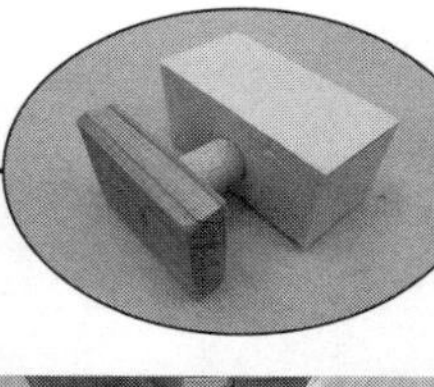

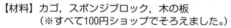

【材料】カゴ，スポンジブロック，木の板
（※すべて100円ショップでそろえました。）

実際に使用している様子

本教材は，手元をよく見ながら操作することや，最後まで見て活動を終えることを目的に作りました。工夫した点は，ブロックが最後に型にはまるようにしたことで「できた」という実感を伴って「終わった」ということがわかるようにしたこと，手元を見ながらブロックの向きを考え操作する力を育てることをねらい，四角や三角などのブロックを使って角の位置や向きを合わせる動きを取り入れたことです。また，子どもの実態や必要に応じてゴールをブロックで塞いだり，切り抜いた木片を戻したりすることで，２つあるコースを１つにするなど柔軟に活用できるよう工夫しています。この教材を使用した子どもは当初，手元をあまり見ず，視線を手元や操作する対象に向け続けることが困難でした。そこで，手元を見ないとできない教材を使い，手元を「見続ける」ことや「具体物の操作」「終わりまでやりきる」経験ができればと考えました。子どもは，最初は強引に型にはめようとしていましたが，ブロックの形や向きに気づくようになると，ゴール付近で手元をよく見ながらブロックを回すようになりました。また，しばらくするとブロックを動かす少し先を見て動かすようになるなど，最後まで見続けて活動できるようになってきました。自信をもって取り組むようにもなり，型にブロックがはまると教師を見て「できた」と伝えることも増えました。

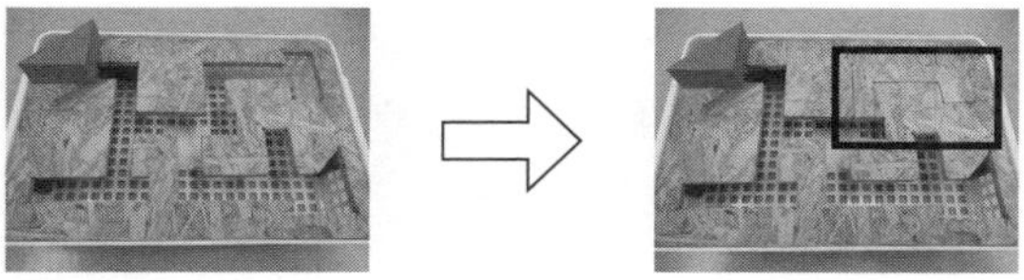

（小林　健吾）

自作絵本
―どうぶつぱくぱく―

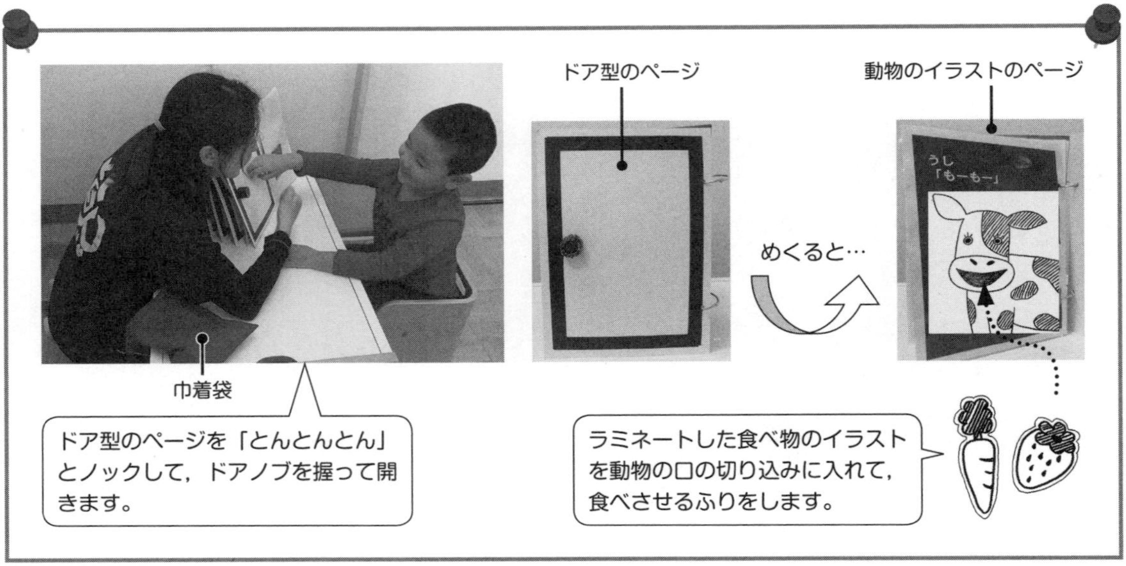
ドア型のページ
動物のイラストのページ
うし
「もーもー」
めくると…
巾着袋
ドア型のページを「とんとんとん」とノックして，ドアノブを握って開きます。
ラミネートした食べ物のイラストを動物の口の切り込みに入れて，食べさせるふりをします。

【教材のねらい】

・教師の掛け声に合わせて一緒に声を出す。
・教師の動作を見て真似る。
・教師の言葉を聞いて，動物の名称や鳴き声，食べ物の名称を言う。

【教材の工夫】

ドア型のページを作って，教師と一緒にドアをノックすることを楽しんだり，次に何の動物が出てくるのか期待感をもってページをめくったりすることができるようにしました。また，食べ物のイラストに注目できるように，巾着袋から取り出します。

【教材の使用方法】

・教師が「せーの」と掛け声をかけて，「とんとんとん」と言いながら子どもと一緒にドアをノックしてページを開く。
・教師が，絵本のひらがなの文字を指さしながら，動物の名称と鳴き声を言う。
・教師が食べ物のイラストを巾着袋から取り出し，名称を言って手渡す。
・子どもが動物のイラストの口の部分に食べ物のイラストを入れる動作に合わせて，教師が「ぱくぱく」と言う。

【留意点】

はじめは，教師が子どもの動きに合わせて「とんとんとん」と言ったり，ドアをたたいたりして，徐々に教師の掛け声を聞いて，一緒に動作ができるようにしていきます。

【教材の応用】

対象児に合わせて，好きなイラストを使用したり，イラストを見て文字を貼ったりする等の工夫が考えられます。

（吉元　まお里）

冷蔵庫とんとん

A４サイズの板目紙を半分に切って作成。

学習の始まりと終わりがわかるように段ボールに切り込みを入れ，順番に差し込む。

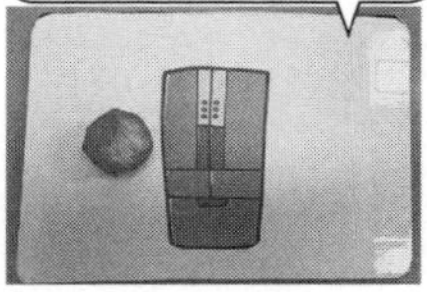

写真１　表紙

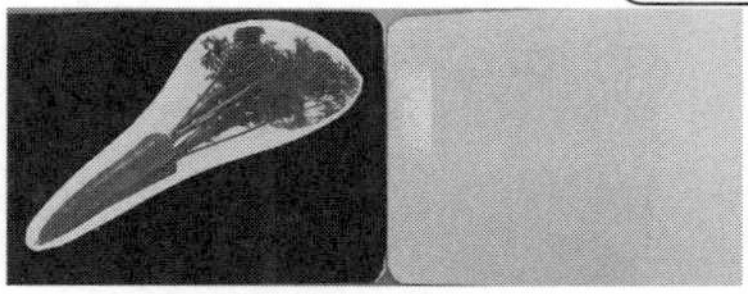

写真２　内容

写真３　置き方

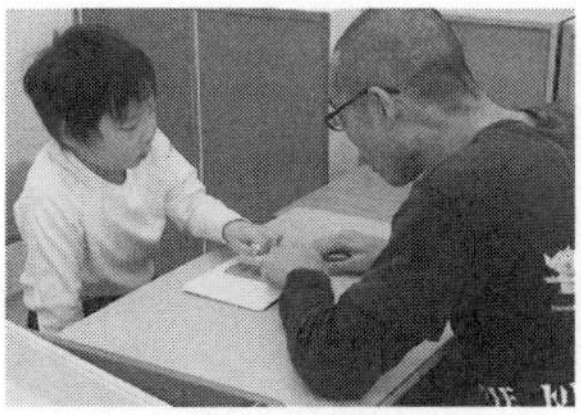

写真４　教師と一緒に冷蔵庫の絵をたたくようになりました。

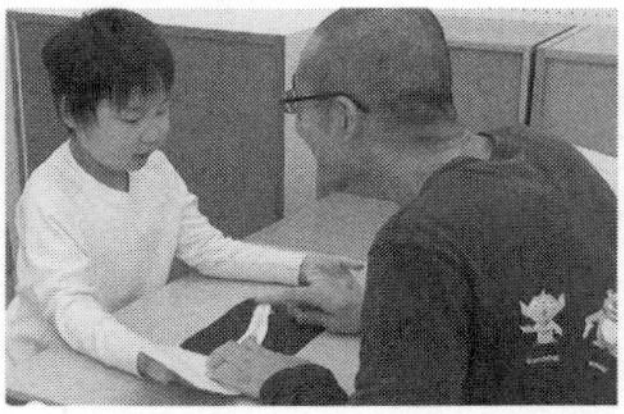

写真５　教師と一緒に食べ物の絵を見るようになりました。

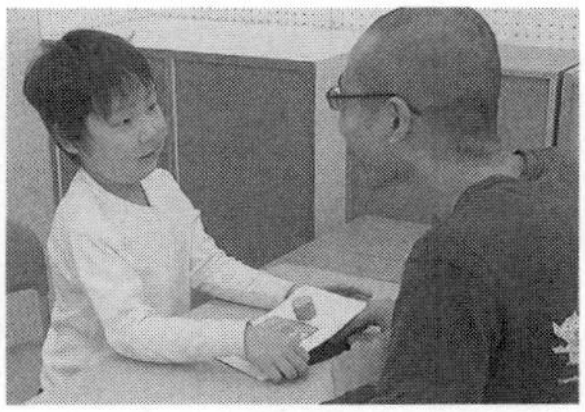

写真６　表情を緩ませ，食べ物の名称を言うようになりました。

❶「冷蔵庫とんとん（写真１～３）」のねらい

Ａくんは，教師と一緒に絵本を見て，教師の問いかけに声で応じるなど，教材を介して教師とやりとりをすることが困難でした。

そこで，教師の提示するものを見ることや，教師の動きや言葉を真似ることをねらい，この教材を用いた指導を行うこととしました。

❷教材を作成する際に工夫したこと

１．Ａくんの好きな食べ物の絵を用いたこと。
２．Ａくんが冷蔵庫を開けて食べ物を取り出すことに興味をもっていたことから，冷蔵庫の絵を表紙にし，扉の形状にしたこと。
３．１つの扉をめくると１つの食べ物が出てくるようにし，10個程度の扉を順番に並べて提示したこと（写真３）。
４．授業ごとに扉を入れ替え，何が出てくるか期待感をもてるようにしたこと。

❸指導の実際と指導の結果

教師が「冷蔵庫とんとん」をＡくんの目の前に置き，「とんとん」と言い，冷蔵庫の絵をノックする仕草を見せました。しかし，はじめは教師の動きを真似しませんでした。

そこで，Ａくんが教師と一緒に冷蔵庫の絵をノックすることを楽しむことができるように，教師がＡくんに表情豊かにほほえみかけた後，「せーの，とんとん」と言い，大きく身振りを見せました。すると，Ａくんは表情を緩ませ「とん」と言い，冷蔵庫の絵をこぶしでたたきました。その後，教師と一緒に食べ物の絵を見て（写真５），教師の言葉を真似て食べ物の名称を言う（写真６）など，楽しくやりとりできるようになりました。

（塚田　直也）

こうえんであそぼう

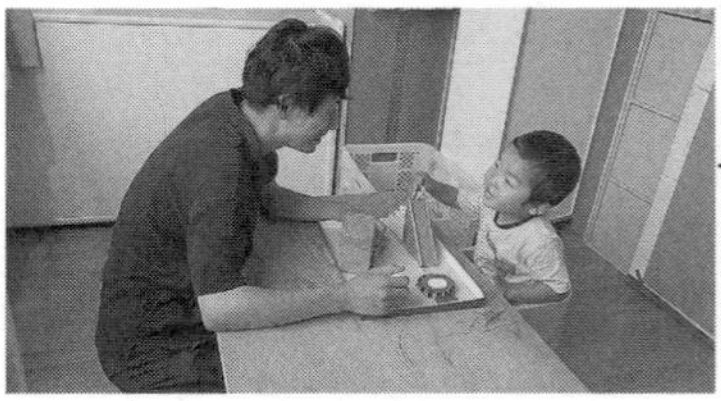

子どもの興味に合わせて，遊具を取り換えてみたり，
道路を作って公園を大きくしてみたりすることで，
遊びの幅が広がります！

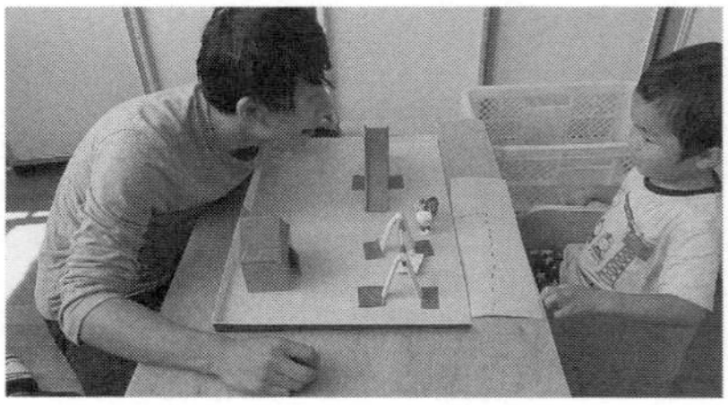

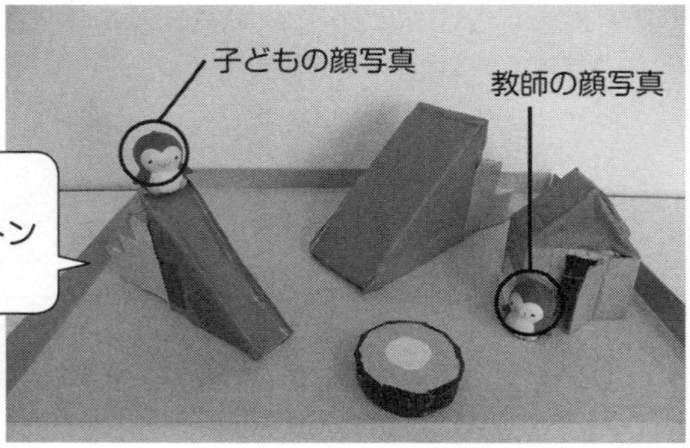

【教材のねらい】

・教師と一緒に教材を使って遊ぶことを通して，身近な教師の視線や言葉かけに気づく。
・子どもが期待感をもてるような言葉かけや関わりをすることで，教師と遊ぶことの「楽しさ」や「面白さ」を知る。
・身近な物を題材にすることで，教師の言葉かけを聞いて，物の名称を理解する。
・教師の言葉を真似したり，視線や声を合わせて言ったりする。

【教材の工夫】

遊びに興味をもてるように，子どもの好きな滑り台等の遊具を再現したり，好きな色を使ったりしました。また，同じ遊具を複数用意し，同時に滑らせて遊んだり，教師と交代で使ったりできるようにしました。人形には，子どもと教師の顔写真を貼り付けることで，操作する人形をわかりやすくし，一緒に遊ぶ教師を意識できるようにしました。

【教材の使用方法】

・子どもと教師が人形を一つずつ持ち，公園を再現した教材の上で遊ぶ。
・子どもが操作する人形の動きに合わせて，教師が「ピョンピョン」等の，子どもが楽しく真似したくなるような言葉をかける。

【留意点】

子どもの視線が教師に向いたときに，教材を提示したり，言葉かけを行ったりしました。また，教師の働きかけに期待感をもてるように，掛け声をかけてから，滑り台で人形を滑らせたり，声の高さや言葉かけの早さを変えてみたりしました。

（上野　哲弥）

くだものさん・やさいさんバス

子どもがバスを操作する際に，教師がバスと同じ高さに顔を近づけ，視線を合わせながら明るい声で歌いかけたり，言葉かけをしたりします。

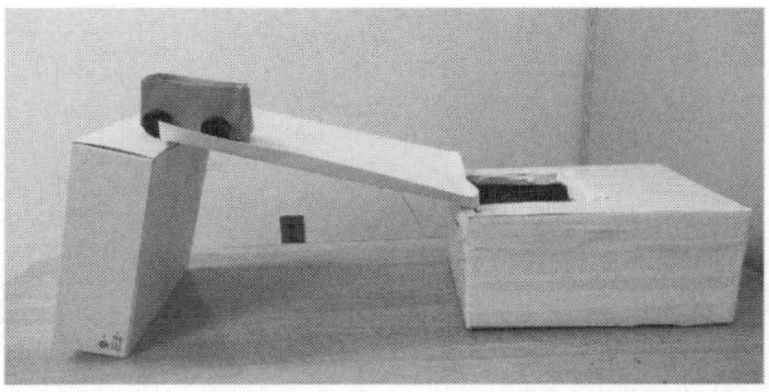

坂道やバスはお菓子の空き箱や段ボールを使って作りました。バスは実際に動くように，タイヤを竹串に通して回るようにしています。

❶教材のねらい

・教師の言葉かけを聞いたり，提示する教材を見たりして，教師とのかかわりを楽しむ。
・教師の言葉かけを聞いたり，一緒に教材を操作するなどして果物や色の名称を知る。
・「楽しい」「うれしい」という思いを視線や動作，声などで教師に伝える。

❷使い方

1．教師の「○○色のバスが来て　○○さんが乗りました」という歌（または言葉かけ）を聞いたり，教師が操作するバスの模型を見たりして，同じ色の果物や野菜の模型を乗せる。

2．「３・２・１　スタート」という教師の言葉かけを聞き，一緒にバスの模型を操作し，穴に入れる。

❸工夫点

対象の子どもが好きな野菜を題材にしました。また，楽しく学習に取り組めるよう，果物や野菜の模型に目や口をつけて顔にしました。

子どもが教材を操作する際，教師と視線を合わせやすいように，バスを走らせる坂道を子どもの視線の高さに合わせました。

❹指導の実際

教師が「○○色のバスが来て」と歌いかけると，同じ色の果物や野菜の模型をバスの模型に乗せることができるようになりました。

また，バスの模型を走らせる前に「３・２・１」と合図を出したり，教師が教材と同じ高さに顔を近づけたりすると，教師にほほえみかけるようになりました。

（村上　絵里佳）

する？される？Book

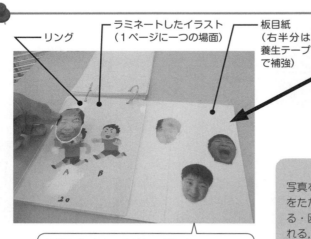

リング
ラミネートしたイラスト
（1ページに一つの場面）
板目紙
（右半分は
養生テープ
で補強）

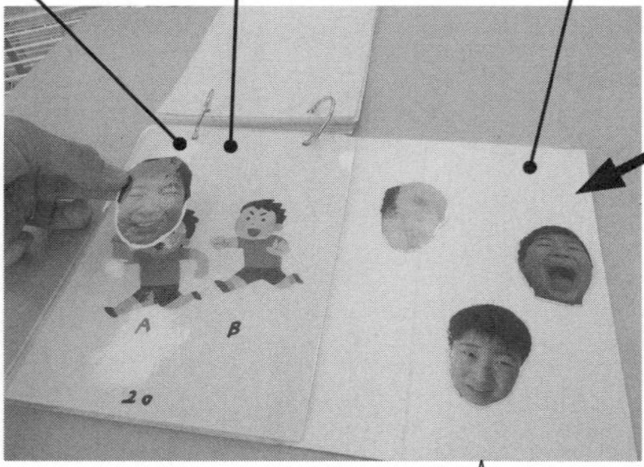

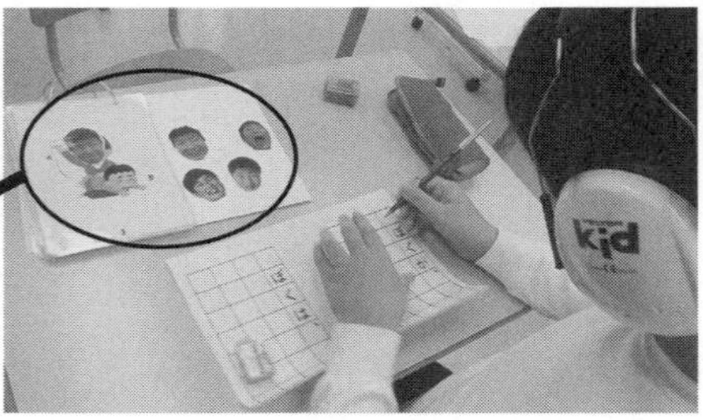

教材を使用する子どもの顔写真
（ラミネートし，裏面には両面テープあり）

使用したイラストの場面
写真を撮る・撮られる，褒める・褒められる，肩をたたく・たたいてもらう，叱る・叱られる，殴る・殴られる，押す・押される，のぞく・のぞかれる，追いかける・追いかけられる，渡す・渡される，奪い取る・奪い取られるなど。

❶本教材のねらい

本教材は，自分が経験した出来事について，自分がしたことか，されたことかを状況に応じて説明することが難しい子どものために作成しました。本教材を活用し，イラストを見て能動か受動かを判断し，その状況を適切に文章で説明できることをねらいとしました。

❷使用方法

1．イラストに描かれている登場人物のいずれかの顔に，自分の顔写真を貼り付ける。
2．「ぼくは」または「ぼくが」から始まる文章を作り，作文用紙に書く。
3．1で貼った顔写真を剥がし，別の人物に自分の顔写真を貼る。
4．2と同様に「ぼく」を主語にして，どのような表現になるか考えて文章を書く。

❸工夫した点

・使用するイラストは子どもの生活のなかで起こり得る状況を選んだこと。
・自分の顔写真をイラストに貼って考えることで，どちら側の視点で説明すればよいのかを明確にしたこと。
・顔写真を貼り替えることで，一枚のイラストのなかで能動と受動の表現を説明できるようにしたこと。

❹指導の実際

自分の顔写真を貼り替えながら取り組むことで，能動文と受動文を作ることができるようになってきました。状況をより適切に説明するためには「される」「してもらう」の違いなど，登場人物の気持ちを考える学習もしていけるとよいと考えます。

（遠藤　佑一）

れんけつガッチャン
―うさぎ組のお友達―

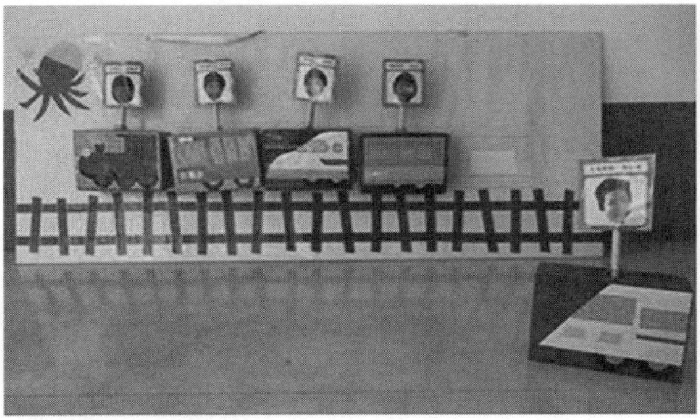

写真①
名前呼びの活動で使用した教材

写真②
活動の様子

【子どもの実態】 本学級は，知的障害を伴う自閉症のある５歳児５人が在籍しています。子どもたちは，教師が１対１で向かい合って名前を呼ぶと，ハイタッチをして返事をすることができます。しかし，学級集団で行う朝の集まりでは，自分や友達の名前が呼ばれたことに気づいたり，教師が提示する教材を見続けたりすることが難しい様子が見られました。

【活動のねらい】 自分や友達の名前が呼ばれていることに気づき，動作や声で表現すること，教師が示す動作や教材を見たり，教師の声を聴いたりすること，の２つをねらいに，朝の集まりにおいて名前呼びの活動を行うことにしました。

【教材の工夫】 楽しさを感じながら活動に向かうことができるように，子どもたちが好きな絵本「れんけつガッチャン」（作・絵：こぐれけいすけ，出版社：学研プラス）の内容を再現する教材を作成しました（写真①）。提示する際は，期待感をもって見ることができるように，中が見えない箱の中から顔写真等を取り出したり，リズミカルな言葉かけに合わせて教材を動かしたりしました（写真②）。子どもが操作しやすいように，顔写真に棒を付けたり，棒を入れる場所を立体的にしたりしました。

【教材の使用方法】 教師が名前を呼びながら顔写真を提示し，電車の形をした箱に入れるように言葉かけをしました。次に，電車の形をした箱を子どもに手渡し，正面にある土台を指さして，枠の中に貼るように伝えました。

（石川　千尋）

みんなで一緒にやさいさん

葉っぱは立ち上がるようになっています。

絵本『やさいさん』（tsupera tsupera 著，学研プラス）に登場する野菜たち

野菜が抜ける瞬間は，大きな声で「すっぽーん！」

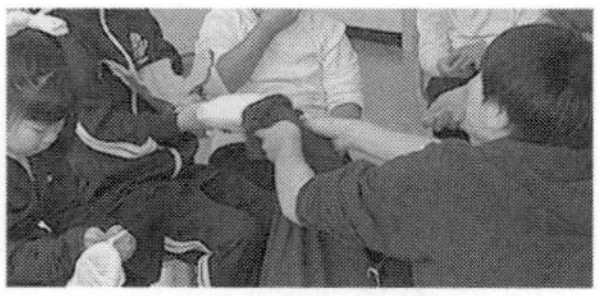

子どもたちは，野菜だけにとどまらず，イメージをどんどん広げていきます。

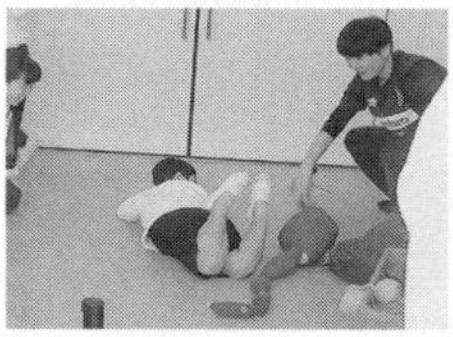

「待てー」と大きな大根に追いかけられて，みんなで走り出します。

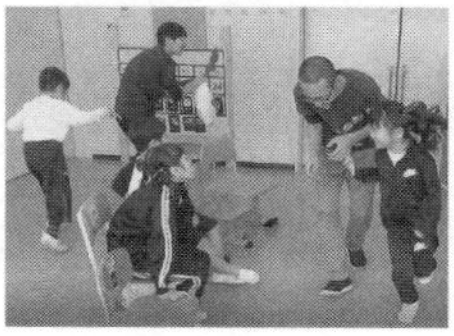

❶教材のねらい

・自分から野菜に視線を向けたり，体を動かして野菜を引っ張ったりすること。
・歌の終わりや教師の「せーの」の合図に合わせて引っ張ること。
・教師や友達とやりとりをしながら楽しんで活動に取り組むこと。

当初は教師と子どもの一対一のやりとりをメインにした授業展開として考えました。

❷教材の工夫

子どもが自分から視線を向けることができるように，立体的なものにしました。引っ張る動きを引き出すために，素材はフェルトにし，葉っぱ部分には綿を入れて握りやすいようにしています。また，本物の野菜をイメージしやすいような色や形にしました。

❸教材を使った授業

教師が子どもの目の前に葉っぱの部分だけが出ている袋を提示して，「何の野菜が出てくるのかな？」と言葉をかけると，視線を向けたり，手を伸ばして引っ張ったりすることができました。教師が目の前で歌ったり，視線を合わせながら「せーの」と合図を出したりすると，教師の歌声や合図を聞いて，野菜を引っ張る子どもが増えてきました。

縦につながっている５つのさつまいもを見て，「蛇みたい」と言い，床に腹這いになって蛇の動きを表現している子どももいました。

野菜に追いかけられることを期待したり，みんなと一緒に体を動かすことを楽しんだりしながら，走ったり，くすぐり遊びをしたりすることができました。

（間山　響子）

おはなしあそび

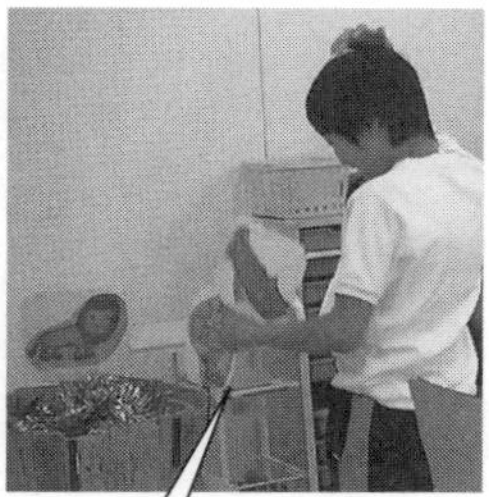

台詞のリズムに合わせて，楽しそうにペープサートを動かしています。

「もりのおふろ」（作・西村敏雄，出版社・福音館書店）を参考に作成

【教材のねらい】 本学級は，繰り返しの場面や台詞のある絵本の読み聞かせが好きで，教師とのやりとりを楽しむ子どもが多いです。子どもが１匹ずつ登場する動物に期待感をもちながら教師とのやりとりを楽しみ，物語の世界観を感じることができるように，ペープサートと模型のお風呂を作製します。

【教材の工夫】 物語の展開がわかるように，ペープサートの表には，動物が登場した場面の絵を貼り，裏には動物が体を洗っている場面の絵を貼ります。模型のお風呂には，動物たちがお風呂を囲みながら，体を洗い合う場面が再現できるように，ペープサートを固定するための筒を付けます。また，お風呂のお湯を再現するために，子どもの好きな感触のモールを使用します。

【教材の使用方法】 ①教師が動物の鳴き声や足音を音声，動きを身振りで表現しながら，ペープサートを動かして，動物を登場させる。②体を洗う場面では，ペープサートを裏返し，動物が体を洗っている絵を子どもに見せながら，「ごしごししゅっしゅっ」の台詞に合わせてペープサートを動かす。③模型のお風呂に付けた筒にペープサートを挿し，動物がお風呂を囲んでいる様子を子どもみんなで再現する。

【留意点】 教師は，動物の特徴を表情や身振りで表現したり，声色を変えたりしながら，ペープサートを動かし，台詞のリズムに合わせて互いの体をこする等，教師と子ども，また，子ども同士がやりとりを楽しむことができるように意識して取り組みます。

（久野　智宏）

チャレンジ日記・発表

チャレンジ日記の様式

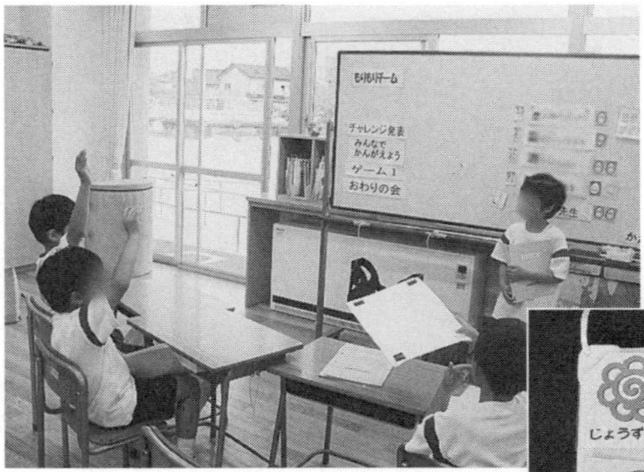

チャレンジ発表の様子

評価カード

❶目的・特徴

グループ活動のなかで「チャレンジ発表」を行い，友達同士で褒め合い，認め合う関係を構築することで，積極的にコミュニケーションをとるようになったり，自己肯定感が高まったりします。

❷チャレンジ日記

家庭で頑張ったことを本人が書く，もしくは家族に書いてもらいます。また，学校で頑張ったことを本人が書く，もしくは担任や関係者に書いてもらいます。書いたら印を押したり，シールを貼ったりします。〇枚たまったらごほうびは何にするか，本人と家の人と相談して記入します。

❸チャレンジ発表

朝の会やグループ活動の場で，各自が持ってきたチャレンジ日記を順番に発表します。発表の機会が毎日であれば１日分の日記を，１週間に１回であれば１週間分の日記を読み上げます。

チャレンジ発表後，友達は質問をしたり，「褒めコメント」を発表したりします。担当者は必ずその子の頑張っていることを褒めます。「じょうずですね」「ぼく（わたし）も〇〇したいです」「もうちょっと〇〇した方がいい」「おしい！」等の「評価カード」を活用して評価するとよいです。日記の枚数グラフを掲示し，全員が〇枚に達したら〇〇するなどと意欲づけするのもよいでしょう。

（高畠　佳江）

こんなときどうする？
―状況に応じた適切な言葉かけや振る舞い方―

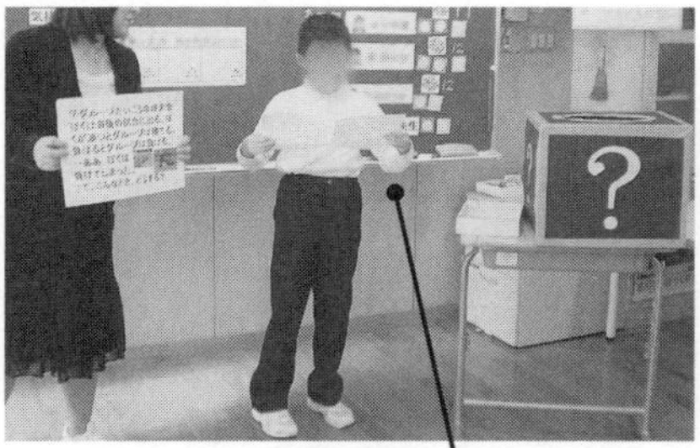

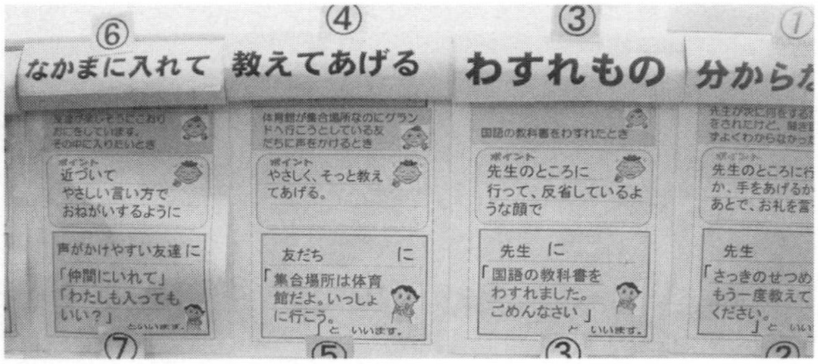

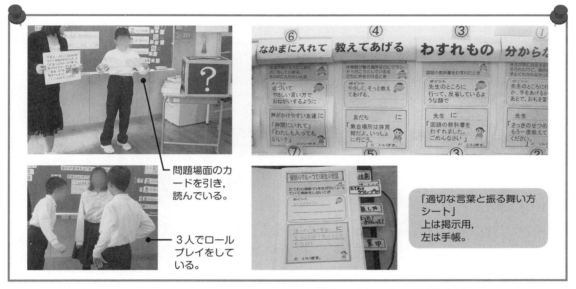

問題場面のカードを引き，読んでいる。

３人でロールプレイをしている。

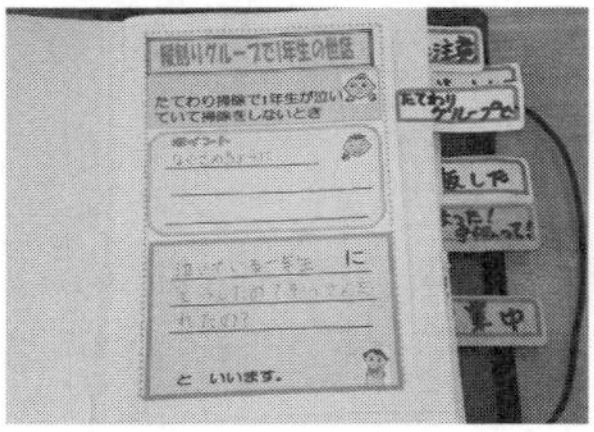

「適切な言葉と振る舞い方シート」
上は掲示用，
左は手帳。

❶目的・特徴

日常生活のなかで起こりがちな問題を取り上げ，「こんなときどうすればよいか」を考えロールプレイすることで，適切な言葉かけや振る舞い方を身につけることができます。

❷教材の作り方

校内で起こりがちな問題場面を調査し，身につけたらよいと思われるスキルを選びます。選んだ問題場面をカードに書き，掲示用と折りたたみ用と２枚用意します。また，適切な言葉や振る舞い方を記入する手帳用シートも用意します。問題場面カードを１対１場面，グループの場面，クラス，縦割り場面と段階的に広げます。

❸教材の使い方・指導方法

第１次では，身近な場面から順に取り上げ，それぞれの場面で適切な言葉かけや振る舞い方について考え，ロールプレイし，友達同士で評価します。ポイントは「相手が気持ちよく受け入れられる言葉，話し方，表情，動作」になっているかどうかです。毎時間，適切な言葉や振る舞い方を手帳シートに書き込み，「こんなときどうする手帳」を作成します。

第２次では，全部のカードをブラックボックスに入れ，引いたカードの場面を演じるようにします。何度も練習することでスキルが身につきます。さらに，手帳を常備し，必要に応じて手帳を見て，適切な言葉かけや振る舞いができるようにします。

（高畠　佳江）

○○劇場へようこそ

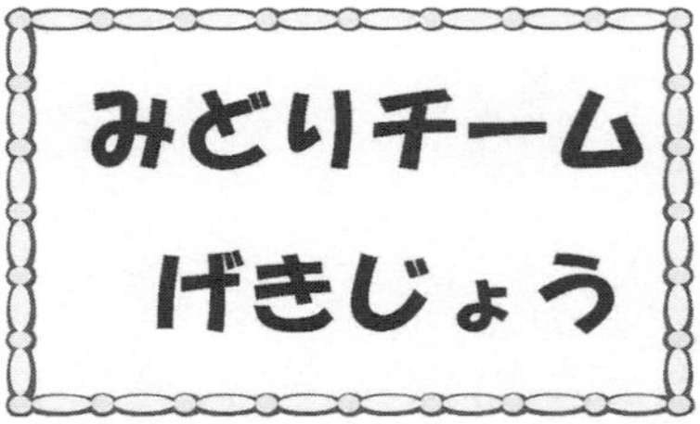

高学年グループでペープサート劇をしている様子

❶目的・特徴

対象の子どもに実際に起こった問題やトラブルを取り上げて，当事者だとわからないように名前を変えたり，内容を少し変えたりして教師が台本を書きます。台本を見て，グループの友達と劇を演じたり，ペープサート劇をしたりすることで，その問題点に気づいたり，不適切な行動を改善しようとすることができます。

❷教材の作り方

うまく習字が書けず，紙をビリビリに破ってしまった，友達に誘われて断れずに悪いことをしたなど，実際に起きた問題やトラブルを簡単なストーリーにします。下学年であれば絵やイラストを入れた台本を作り，それを見ながら演じるように練習します。上学年であれば，台本は文章のみのものでもよいでしょう。

❸教材の使い方・指導方法

グループ名を入れた「○○劇場」として劇を演じることで，子どもたちは意欲的になります。時には観客を呼ぶと，一層楽しくなります。劇やロールプレイを恥ずかしがる場合は，ペープサート劇にします。いろんなキャラクターのペープサートを用意し，自分の好きなキャラクターを持って演じます。劇を演じることで，客観的にその出来事を捉え，どうすべきだったかを考え，話し合うことができます。また，自分の行動を振り返る機会にもなります。

（高畠　佳江）

あったか言葉・あったか行動を増やそう！

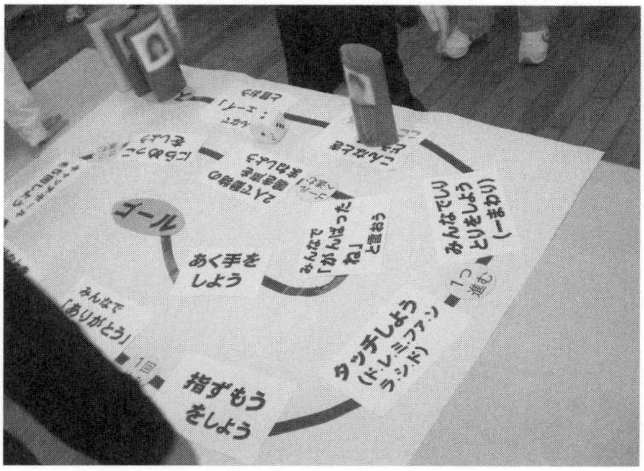

ふれあいすごろくゲームをしている様子

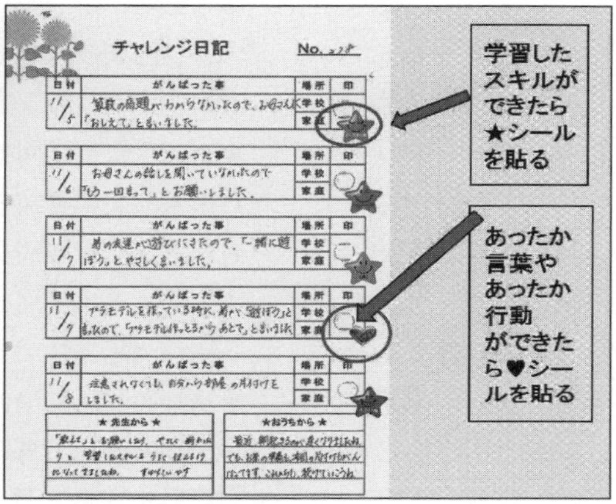

あったか行動の記録に「♥」シールが貼られている日記

❶教材の作り方

1．「どんなあったか言葉があるか」をグループで話し合って出してもらい，自分が言ってほしいあったか言葉を４～５個程度決める。すごろくゲームシートの「みんなで○○と言おう」のマスの○○にあったか言葉を記入する。

2．指ずもう，にらめっこ，おんぶ等，子どもたちの喜びそうなふれあい遊びを記入する。ところどころに「１回休み」「２つ進む」「10回ジャンプする」等も記入する。

3．「ここで必ず止まる」を２～３か所に入れる。

❷教材の使い方・指導方法

すごろくのコマを進めて楽しみながら，「がんばったね」「ありがとう」等のあったか言葉をみんなで元気よく言います。友達をおんぶして一周する，握手をする等のふれあいゲームをすることで，友達同士ふれあうことができます。「ここで必ず止まる」では，その時間に身につけさせたいスキル（例えば「だいじょうぶ？」と相手を心配して言うなど）の練習をします。

このすごろくゲームをすることで，あったか言葉やあったか行動の練習をすることができます。日常生活のなかであったか言葉やあったか行動ができたら，日記に記録し，褒めたりシールを貼ったりすることで，さらにあったか言葉やあったか行動が増えていきます。

（高畠　佳江）

【執筆者一覧】 ＊執筆順　＊所属は執筆時

和泉澤　賢司　（東京都立七生特別支援学校）
竹村　知恵　（東京都立立川ろう学校）
村野　一臣　（東京都立立川ろう学校）
吉山　千絵　（石川県立明和特別支援学校）
上原　淑枝　（神奈川県川崎市立栗木台小学校）
庄司　英之　（東京都杉並区立済美養護学校）
田中　仁美　（東京都町田市立鶴川第四小学校　元東京都杉並区立済美養護学校）
杉浦　徹　（国立特別支援教育総合研究所総括研究員）
松田　直樹　（石川県立明和特別支援学校）
落合　隆一　（東京都立永福学園）
寺倉　万喜　（石川県立明和特別支援学校）
藤永　隆宏　（石川県立明和特別支援学校）
落合　恵理子　（東京都立七生特別支援学校）
真志喜　良一　（東京都立足立特別支援学校）
秋元　涼子　（東京都杉並区立済美養護学校）
鈴木　沙也加　（東京都立八王子東特別支援学校　元東京都杉並区立済美養護学校）
梅村　和由　（岐阜県立東濃特別支援学校）
冨田　信乃　（東京都立中野特別支援学校　元東京都杉並区立済美養護学校）
奥村　遼　（東京都立高島特別支援学校）
池田　康子　（神奈川県川崎市立東生田小学校）
原　史　（東京都立高島特別支援学校）
島田　陽子　（東京都立七生特別支援学校）
片野　智貴　（東京都杉並区立済美養護学校）
村野　史　（東京都立武蔵台学園）
山田　健太　（広島市立広島特別支援学校　元広島県立庄原特別支援学校）
沖　勝志　（広島県立福山特別支援学校　元広島県立庄原特別支援学校）
鈴木　敏成　（東京都立七生特別支援学校）
金野　拓郎　（東京都立水元特別支援学校）
平　貴子　（東京都立武蔵台学園）
本城　梓　（東京都立七生特別支援学校）
湊　文彦　（東京都杉並区立済美養護学校）
吉田　輝世　（東京都立町田の丘学園）
川井　直子　（東京都杉並区立済美養護学校）
大高　正樹　（東京都杉並区立済美養護学校）
内田　考洋　（埼玉県立熊谷特別支援学校）
海老沢　穣　（東京都立石神井特別支援学校）

宇田川　良行　（東京都杉並区立済美養護学校）
小林　健吾　（筑波大学附属久里浜特別支援学校）
吉元　まお里　（筑波大学附属久里浜特別支援学校）
塚田　直也　（筑波大学附属久里浜特別支援学校）
上野　哲弥　（筑波大学附属久里浜特別支援学校）
村上　絵里佳　（筑波大学附属久里浜特別支援学校）
遠藤　佑一　（筑波大学附属久里浜特別支援学校）
石川　千尋　（筑波大学附属久里浜特別支援学校幼稚部）
間山　響子　（筑波大学附属久里浜特別支援学校）
久野　智宏　（筑波大学附属久里浜特別支援学校）
高畠　佳江　（富山県射水市立大門小学校）

【編者紹介】

『特別支援教育の実践情報』編集部
（とくべつしえんきょういくのじっせんじょうほうへんしゅうぶ）

村野　一臣（むらの　かずおみ）

昭和60年より東京都立高等学校教諭・ろう学校教諭，教頭・副校長，校長，都教育委員会を経て，東京都立町田の丘学園校長，全国特別支援学校知的障害教育校長会会長，現在，東京都立立川ろう学校校長，全国聾学校長会会長。ろう学校在籍時に，ろう重複障害教育，個別指導計画をテーマにして学ぶ。東京都立町田養護学校教頭・副校長時に，水口浚先生，吉瀬正則先生，宮城武久先生に出会い，教材・教具を活用した実践を続けている。

特別支援教育サポートBOOKS
子どもが目を輝かせて学びだす！
教材・教具・ICTアイデア100

2020年8月初版第1刷刊　©編　者　『特別支援教育の実践情報』編集部
2021年8月初版第3刷刊　　　　　　村　野　一　臣
発行者　藤　原　光　政
発行所　明治図書出版株式会社
http://www.meijitosho.co.jp
（企画）佐藤智恵（校正）武藤亜子
〒114-0023　東京都北区滝野川7-46-1
振替00160-5-151318　電話03(5907)6703
ご注文窓口　電話03(5907)6668

＊検印省略　　組版所　中　央　美　版

Printed in Japan　ISBN978-4-18-387926-4